遠赤外線
光冷暖革命

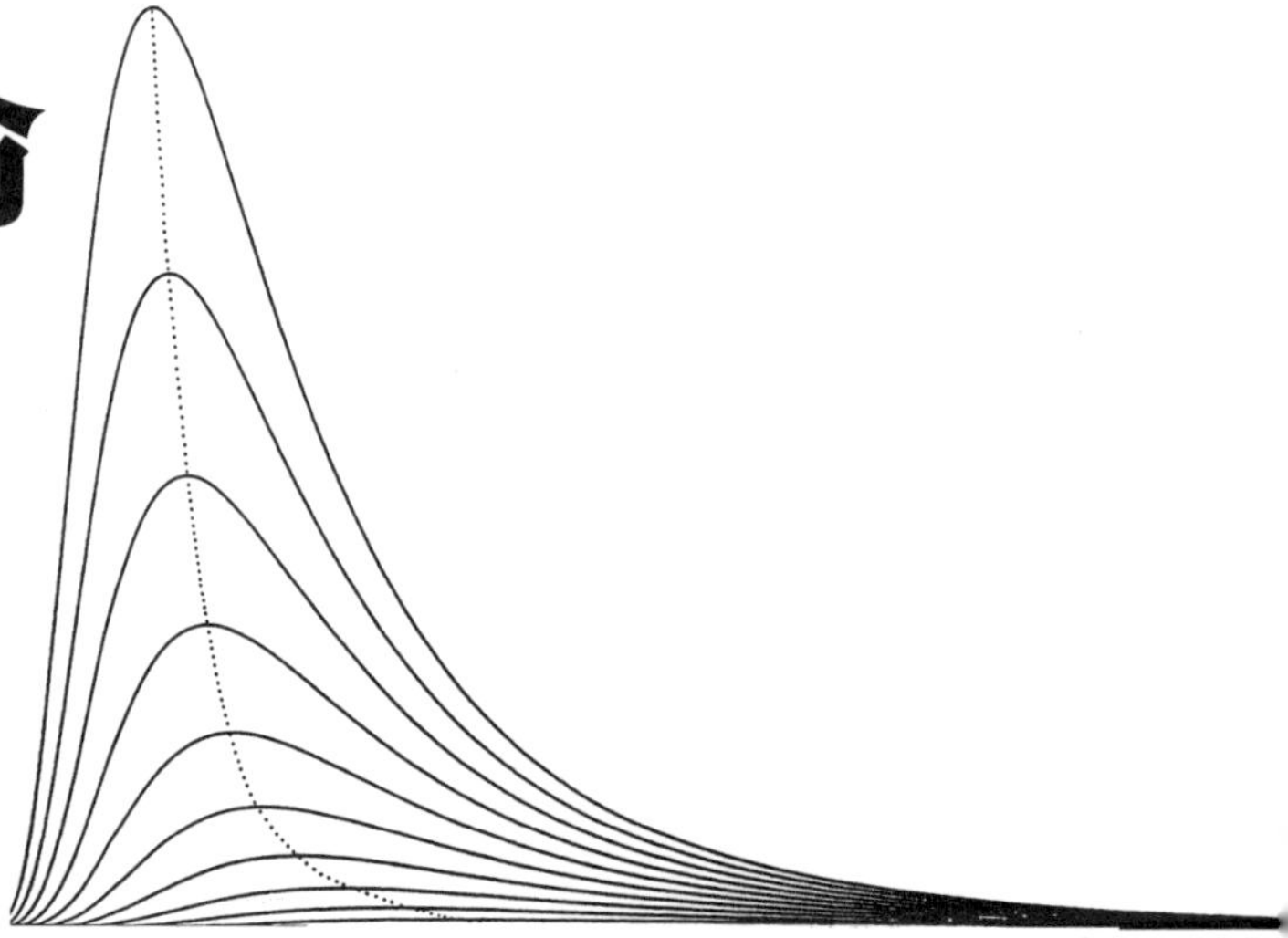

佐々木久夫

人間と歴史社

遠赤外線　光冷暖革命

序

科学の先端領域にはかならず、「異端」と呼ばれる亜流が存在する。もし、それが「本物」だとしたら天地が入れ替わるような「大発見」なのだが、その多くは大きな潮流のなかで泡沫のように消えていくのも常だ。しかし、なかにはごく少数だが奇説から異説へ、異説から新説に、そしてついには定説・常識にのしあがっていくものもある。夢の少ない現代に、そんな「異端」の話を紹介しよう。

これは「冷暖房」のコンセプトを一変させるかもしれない。

遠赤外線　光冷暖――目次

遠赤外線作用のメカニズム　111

第4章　遠赤外線の健康科学　153

遠赤外線と生体　155

第5章　光冷暖の時代　205

第1章　冷暖房のコンセプトが変わる

冷暖房革命の予感

遠赤外線で冷房ができる?!

「遠赤外線冷暖システムが完成しました」――。二〇一〇年の年賀状にそう書いてありました。差出人は高田技術事務所・高田紘一とありました。高田さんといえばわが国きっての遠赤外線通であり、理論家・開発者です。高田さんは東北大学で放射線化学を専攻し、日本軽金属で遠赤外線商品の開発をてがけ、遠赤外線治療器『元気じゃん』『温暖前線』や遠赤外線焼き肉プレート『やるじゃん』などを世に出した人であり、また本邦唯一の遠赤外線の専門書『実用 遠赤外線』（一九九九年、人間と歴史社刊）の共著者でもあるその人がいうのですから疑いようがありません。

「遠赤外線で冷房？」――いったいどんなシステムなんだろう。さまざまなイメージが頭をかけめぐりました。すぐに頭に浮かんだのは「冷放射」ということでした。以前から、放射の発生形態には「熱放射」と「冷放射」の二つがあることは知っていました。しかし、

「冷放射」は特定のエネルギーレベルに励起された原子または分子がほかの低いエネルギーレベルに移るときに、その差のエネルギーが特定の波長で放射するものです。ですが、それは気体での話です。それが冷房に使えるのだろうか――。いや、そんなはずはない。

でも……、はたして、どんなシステムなのだろう。ただ、高田さんは『実用 遠赤外線』のなかで「将来的には『冷放射機構』によるものも出てくる可能性はある」と書いていましたから、それが実現したのだろうとは思いました。

たしかにこれまでにも、従来の温水式暖房システムを応用して、温水のかわりに冷水を通すという「床冷暖房システム」「天井冷暖房システム」は古くから検討され、実用化もなされてきました。しかし、最大の問題は「結露」にありました。これをどう処理するか、それについてどこもみな頭を悩ませていました。取材したある会社では、これをエアコンで熱交換した冷温風を送風（いわゆる対流）することで対応していました。それと、放射体を設置した床や天井から放射される冷気の問題も気になります。

そんなとき、「日本住宅新聞」（二〇一〇年一月二十五日号）の記事が目にとまりました。そこには「次世代の空調システム」とあり、次のような特長があげてありました。

① エアコン不要。

② エアコンのような温風、冷風を出さないため快適である。

③湿度が五〇％前後に保たれ過乾燥にならない。
④空気を動かさないため、ホコリを出さない。
⑤輻射（放射）熱で空気の壁、天井、床の表面温度が同じになり、足もとが冷えることなく健康的である。
⑥消費電力はエアコンの約四〇～％になり省エネ性が高い。また温水・冷水に使用する水はバケツ一杯の水道水でＯＫ。
⑦CO_2をほとんど出さない。
——などなど。ここで気体冷放射論は消えました。しかし、なんとも夢のような話ではないか。しかも、「これは国が進めるCO_2削減に大きく貢献するだけでなく、わが国の住宅産業に冷暖改革をもたらす」とのコメントが添えてあり、「入った瞬間、暖かさはないが、その場にとどまるとジワっと暖かくなる。実際の室温より暖かく感じる」との感想も添えてありました。

なかでも、私を驚かせたのは次のコメントでした。

「住宅のほとんどは全館冷暖房にしているところは少なく、個別冷暖房である。光冷暖にすると否応なく全館冷暖房になり、いままで冷暖房しなかった部屋まで冷暖房しますから、電気代は四分の一以下になる」——。

光冷暖にすると全館冷暖房になり、しかも電気代は四分の一以下になる。それも一台のパネルで十分──。そんなことがあり得るのだろうか。

しかし、もしこれが本当だとしたら……。そこで再度、遠赤外線について見つめ直すことにしました。ヒントは足元にあるはずだ！

遠赤外線のある風景

遠赤外線といえば熱作用である。それが一般の認識であり、私もそう書いてきました。

広辞苑には、遠赤外線とは「赤外線のうち波長が約五マイクロメートルより長い電磁波。物質によく吸収されることから、加熱・殺菌などに利用する」とあります。

また、別の事典には「熱線とも。分子内の原子または原子団の振動・回転の周波数は赤外線の周波数とほぼ同じ範囲にあるため、あまり高温でない物体からの熱放射は主に赤外線によって行なわれ、また外部から入射した赤外線は物質原子団と電磁的共鳴をおこして効果的に吸収されその温度を高める」とあります。

物質に吸収されて熱に変わるのが遠赤外線の最大の特長です。なのに冷房ができる？

そこで、冬のある日、日だまりをもとめて外に出てみました。ビルの谷間にぽっかりと空いた日だまりを見つけました。手を広げると瞬時に暖かさが伝わってきます。ためしに、ひなたぼっこをしているところの温度を測ってみると二〇℃、日陰では一〇℃。一〇℃の温度差がありました。問題は、この差はどこからくるかです。

気づくと、人はみな日のあたるベンチを選んで腰かけ、日のあたるところを選んで歩いているように見えます。道を歩いていくと、今度は道路わきのブロック塀が熱くなっています。触れてみると体温よりも暖かい。ブロック塀に背を向けるとほんのりとした暖かさが伝わってきます。前からは太陽の暖かい日ざしが差し込み、後ろからはブロック塀のほのかな暖かさ。風もなく、からだが包みこまれるようなやわらかなこの温《ぬく》もり——。

ひなたぼっこの名手といえばネコです。ネコは日だまりを見つける名人です。日だまりを見つけるとそこにたたずみ、じっとして動きません。からだを丸め、目を細め、至福のときを味わっているかのようです。その表情は恍惚として、まるで桃源（陶淵明《とうえんめい》の「桃花源記」に書かれた理想郷）にいるようです。

ひなたぼっこは太陽のエネルギーを効率よく受け止める最高の方法です。ネコのからだに差し込んだ太陽の光は、反射することなくそのほとんどが吸収され、熱に変わってからだの奥深くへと取り込まれていきます。それが心地よさを生むのです。

そういえばむかし、初冬のころ、小春日和のポカポカと暖かい好天の日にはおばあちゃんたちが縁側に座って、ひなたぼっこを楽しんでいる光景がそこかしこで見られたものです。暖かな陽気に誘われて、こっくりこっくり、気持ちよさそうに居眠りをしていました。

ひなたぼっこの温《ぬく》もりは副交感神経を優位にさせて緊張をほぐし、リラックスさせる力があるからです。

また、窓を通して差し込む太陽の光は、外気温が低ければ低いほど、貴重な暖かさを伝えてくれます。ヨーロッパでは外套（オーバー）をコート・ハンガーにかけて、窓越しの陽にあてておくのがマナーでした。それは、来客が帰るころにはオーバーが暖かくなっているという心づかいからでした。

歩いていくと、そこに昭和を思わせるひしゃげた古い民家がありました。いくつもの年月を過ごしてきたのでしょう。雨戸のレールは赤錆びていました。手を触れると熱くなっています。これと同じ体験が小さかったころの思い出として残っています。晴れわたった冬の日、縁側に座ると、冷たい木枯らしが吹いているというのに、雨戸の錆びたレールだけは熱くなっていたのです。

一方、真夏の砂浜に立つと、太陽の強い日ざしがあたり一面に照り返し、砂は焼けるように熱くなっています。気温は三〇℃そこそこだというのに、砂は六〇℃にもなっている。浜辺に寝そべって日光浴を楽しむ人たちは、真っ黒に日焼けしています。

一昨年もそうでしたが、去年（二〇一一）の夏は原発事故のせいもあってたいへんでした。「節電」が呼びかけられ、それに呼応してか、たくさんの人、とくにお年寄りの方が熱中症に倒れられました。道を歩くにも困難なほどで、アスファルトで固められた道路にはかげろう（陽炎）が立ちのぼり、それに蒸し暑さが加わって外出はむろん、長時間、外で仕事をするのもたいへんでした。

木陰を見つけ、涼をとろうと公園に入りました。するとそこには大きな噴水があって、その前を通り過ぎようとしたときです。一瞬、ヒヤッとした感じを受けました。みなさんにもそんな経験がおありではないでしょうか。たとえば、滝のそばに立ったときにそうした印象をもったことはないでしょうか。

そのとき、さまざまな記憶が戻ってきました。高校生のころ、通学は汽車（当時は蒸気機関車）でした。途中、トンネルがあって、そこを通過すると、石炭のススで顔が黒くなって、みんなで指さして笑ったものでした。冷房などもちろんありませんでしたから、窓は開けっ放しです。大らかな時代でした。

しかしいま思い起こすと、そのトンネルを通過するとき、やはり一瞬ひやりとした涼しさがありました。「切り通し」を通ったときも同じ感覚がありました。当時、高度成長まっさかりのころで、あちらこちらの山や丘陵を切り開いて道路をつくっていました。そこにたくさんの「切り通し」がつくられ、道路が整備されていったわけですが、そこを自転車で通ったときも、やはりひやりとした感じを受けたことを思い出しました。

「なるほど。そうか、これが光冷暖の原理かもしれない」――。大きなヒントをもらったような気がしました。

光と熱は不可分の関係にある

アスファルトはなぜ、あんなに熱くなっていたのでしょうか。砂はなぜ六〇℃にもなっていたのでしょうか。

それは、砂やアスファルトを構成している原子・分子の運動が、太陽から放射される遠赤外線（電磁波）を吸収して激しくなり、その結果、六〇℃という温度をもたらしたのです。これを「放射熱」といいます。反対に、熱くなると、今度は砂やアスファルト自体が熱を遠赤外線として放射します。これを「熱放射」といいます。

つまり、遠赤外線というエネルギーを吸収して熱に変わる現象が「放射熱」で、熱せられたものから遠赤外線を放射するのが「熱放射」ということになります。このように「放射熱」と「熱放射」は不可分の関係にあります。

こうした物質の「放射」と「吸収」との関係を初めて解き明かしたのが、キルヒホフ（一八二四〜一八八七）というドイツの物理学者です。彼は、「一定温度における同じ波長の電磁波に対する物質の吸収能力と放射能力との比は、物体の性質に関係なく、温度のみに依存して、一定の値をもつ」という法則（「キルヒホフの法則」）を発見しました。

この法則は、ある波長の電磁波を放射する能力が大きい物質ほど同一波長の電磁波を吸収する能力も大きく、また吸収と放射は「等価」のエネルギーである、ということを示す画期的なものでした。

この法則にのっとれば、砂もアスファルトも遠赤外線を吸収しやすい性質（能力）をもち、一方で遠赤外線を放射する性質（能力）をもっているということになります。そして、エネルギーを吸収する能力は、放射する能力と同じ（等価）である。

これを、真夏の砂浜の砂が熱く感じられたメカニズムとして説明すると、およそ次のようになります。

まず、砂が遠赤外線を吸収して原子・分子運動を起こし、その摩擦熱によって発熱し、温度が上がります。温度が上がると、砂はそれに見合った（等価の）熱エネルギーを遠赤外線として放射します。次いで、放射された熱エネルギーは遠赤外線として人体の皮膚に吸収され、熱に変換され、温度として感覚受容器で感知されて、その情報が脳に伝わったとき、私たちは「熱い」あるいは「温かい」と感じるわけです。

では、夜になって熱がさめるのはなぜか。それは太陽が沈んで、熱源がなくなったために、砂やアスファルトの原子・分子の運動が弱まったからです。

すべてのものから遠赤外線は放射されている

熱は原子・分子の運動（振動）によって生じます。

では、その原子・分子の運動が完全に停止する温度はあるか――。そう考えた科学者がいました。それがイギリスの物理学者ケルビン（一八二四〜一九〇七）です。ケルビンは、その温度をマイナス二七三・一五℃と設定しました。これを「絶対温度」もしくは「絶対零度」といい、「K」（ケルビン度）という記号で表されます。

だとすれば、マイナス二七三℃の「絶対零度」以上の温度であれば、自然界にある（火山や山火事といった高温度を除いて）すべてのものから遠赤外線が放射されているということになります。私たち人間はもちろんのこと、この地球上に存在するものすべて、植物も石や水、氷にいたるまで、ありとあらゆるものが遠赤外線を放射していることになります。

そして同時に、周囲の熱エネルギーを吸収する「吸収体」でもあるわけです。

ただ、遠赤外線は波長が長く、目には見えない光ですから、「放射」と「吸収」のやり取りを目で見ることはできません。しかし、わずかな温度でもエネルギーのやり取りはつねに行なわれています。たとえば、人と人が顔を近づけたときに、ほんのりとした暖かさを感じるのは、互いに遠赤外線を放射しているからです。どちらかがカゼをひいて熱があるときには、なおさらそれを強く感じることができます。また、満員電車に乗ると熱気を感じますが、あれは大勢の人から遠赤外線が放射されているためです。

では、遠赤外線の存在を何らかの方法で表示することはできないか。そうすれば目に見えることができます。それが「波長」です。波長（あるいは振動数）とは、簡単にいえばエネルギーのことです。その大きさは波の高さ（波高）で表されます。

そこで、人間の体温を「波長」で求めてみましょう。人間の体温は個人差はあっても、およそ三六・五℃です。そして三六・五℃の体温に相応した遠赤外線をつねに放射しています。これを波長に直すと、約九・四ミクロンとなります。正確にいえば、九・四ミクロンをピークにした波長が放射されているということになります（以下同）。

この「波長」を割り出すのはたやすいことです。物体の表面温度がわかれば「ウィーンの変位則」にしたがって、簡単に算出することができます。

まず、物体の表面温度に「二七三」を加算して絶対温度に直します。三六・五℃であれば三〇九・五（K）となります。それで「ウィーンの変位則」の定数である「二八九八」を割ればよいのです。そうすると九・三六三四……。約九・四ミクロンとなり、それが人体の表面から放射される遠赤外線の波長（エネルギー）ということになります。

二八九八÷（表面温度＋二七三）＝波長

この式にしたがって、いろいろな物体の表面温度を「波長」に換算してみましょう。氷は〇℃ですから一〇・六ミクロンとなり、沸騰した水は一〇〇℃ですから七・八ミクロンとなります。真夏の砂は六〇℃でしたから、八・七ミクロンです。天ぷらを揚げる温度は一七〇℃とすると、六・五ミクロンとなります。

私たちが利用する温度、いわゆる生活温度は、上が二八〇℃から下は地域によって異なりますがマイナス二〇℃と考えると、およそ五・二ミクロンから一一・五ミクロンの範囲にあります。これは、いずれも遠赤外線の波長域です。このように、物体の表面温度がわかれば「波長」を割り出すことができます。

見える光、見えない光

物を暖めると、その物体は熱くなります。このときにも遠赤外線は出ていますが、光としては見えません。一〇〇℃以下の低い温度では光としては見えませんが、さらに熱を加えて温度を高めていくと、やがて今度は私たちの目に見える光を発するようになります。

つまり、物体から放射される光は、目に見えない「遠赤外線」→「近赤外線」へ、そして温度が高くなるにつれて、目に見える可視光線の「赤」→「橙」→「黄」→「緑」→「青」→「紫」という順に、温度に相応して色が変化していきます。波長もそれに順じて、短いほうへと移っていきます。エネルギーもそれにつれて大きくなっていきます。

その様子を炭火を起こすときに見ることができます。火をつけて間もなく暖かくなりますが、たとえ光を発していても、光としては見ることはできません。エネルギーも小さいですから焼き鳥もできません。しかし、五〇〇℃になると暗い赤い色、九〇〇℃になると明るい赤色、そして一〇〇〇℃を超えると明るい黄色になっていきます。

焼き鳥は備長炭で焼くのがいちばんうまいといわれますが、そのときの表面温度はおよそ七六〇℃ぐらいで、波長にすると二・八ミクロンです。お風呂を沸かすガスバーナーの表面温度（外炎）はおよそ一四〇〇℃で、波長が一・七ミクロンとより短くなり、青紫色の光を発するようになります。

こうした現象を解き明かしたのが、ドイツの物理学者ウィルヘルム・ヴィーン（一八六四

〜一九二八）です。それで彼の名にちなんで、これを「ウィーンの変位則」と呼んでいます。つまり、物体の温度が上がれば、そこから放射される熱放射のピーク波長がしだいに短くなる。すなわち、温度が高いほど短い波長が強く放射されるということを発見したのです。

そしてそれを実験結果に適合させたのが、ドイツの理論物理学者マックス・プランク（一八五八〜一九四七）です。それが「プランクの定数」と呼ばれるもので、これによって物体の温度が上がれば、そこから放射される熱放射のピーク波長が次第に短くなることが裏付けられました。

熱は高いほうから低いほうへ流れる

さて、話を戻して、ではなぜトンネルや切り通しに入ったとき、涼しく感じたのか。

先ほどの砂の話に連動して、砂が遠赤外線を吸収して発熱し、それに見合った（等価の）熱エネルギーを遠赤外線として放射する。そして、放射された遠赤外線が人体の皮膚に吸収され、熱に変換されるとき、私たちは「熱い」あるいは「暖かい」と感じる、といいました。

その逆もあるのではないか――。つまり、トンネルや切り通しが吸収体となって、人体の放射する遠赤外線を吸収するのではないか。そして、吸収されたときに「ひやり」とした感覚をもつのではないか――。

この現象は、「熱力学の第二法則」からも説明されます。周囲の温度（環境温度）が高ければ、熱は高いほうから低いほうへ移動します。したがって、人体から放散された熱もかならず低いほうへと移動します。

これをトンネルの壁、あるいは切り通しの両壁面と人体との関係にあてはめると、ここでは人体が熱源となり、トンネルの壁、あるいは切り通しの両壁面が熱の吸収体となり、体温がトンネルの壁や切り通しの両壁面より高ければ、当然、熱は低いほうへと移動します。すると、人体から放散された熱は壁に吸収されて、その結果、一瞬「ひやり」とした涼しさを感じるのです。

氷の前の温度計は下がるか

そこで紙上模擬実験です。まず、ロウソクと氷、それに温度計をイメージしてください。次に、イラストに示したように、ロウソクと氷のそれぞれの背面に反射板をセットします。反射板のちょうどくぼんだところに、それぞれロウソクと氷をおきます。反対側には同じ

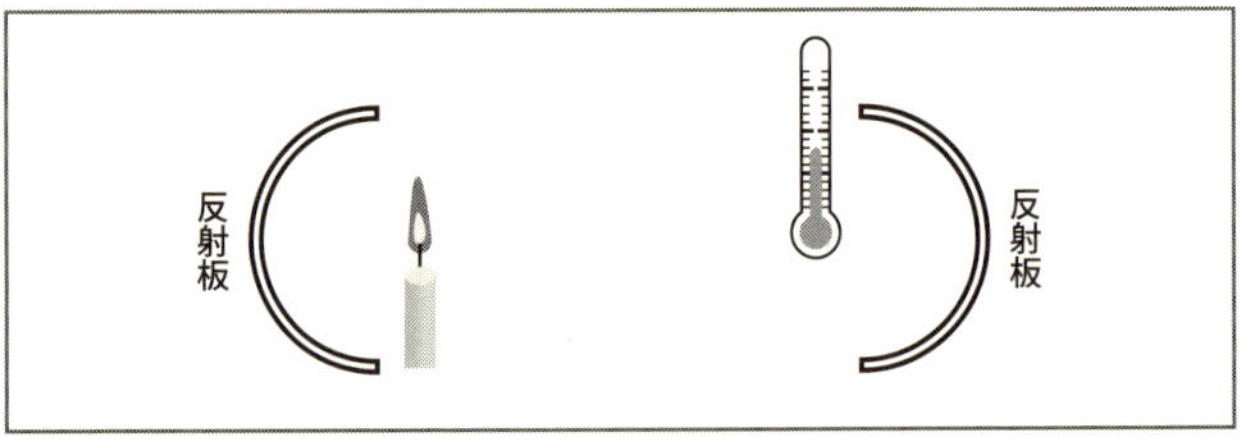

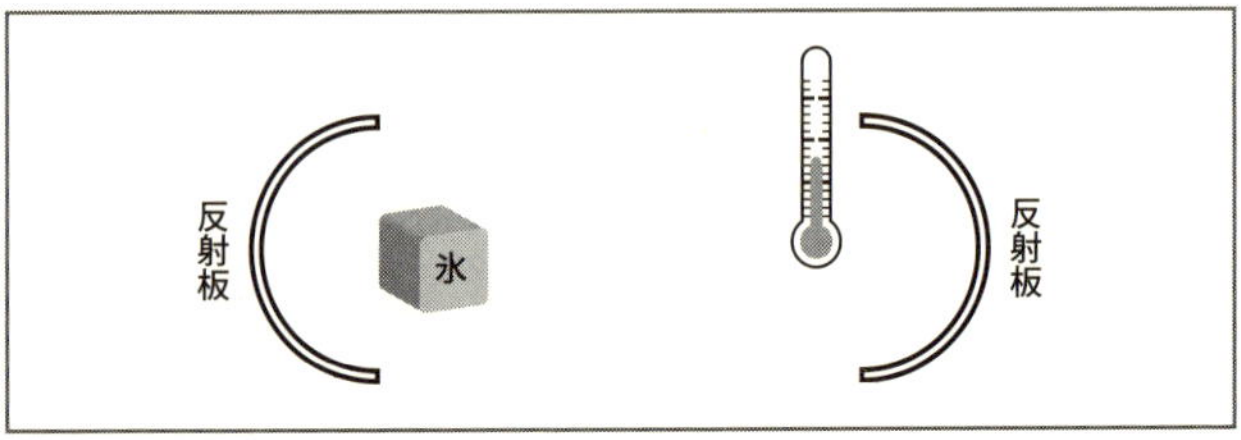

ようにくぼんだところ（焦点）に温度計をおきます。これは光が集まるようにするためです。

そして、ロウソクと温度計の間を一〜二メートル離して、ロウソクに火をつけます。

さて、温度計の温度は上がるでしょうか――。答えは「イエス」。温度計は上がります。

しかし、ロウソクと温度計の間には距離があって、途中には空気があります。ふつうなら、ロウソクの火はまわりの空気を暖めて温度計までは届かないと考えてもおかしくはありません。しかし、実際として、温度計の温度は上がります。ということは、ロウソクの火（熱）が途中の空気に関係なく通過して、直接温度計に伝わり、温度計の温度のみを上げたということになります。これが「放射」という熱の伝わり方であり、遠赤外線（電磁波）の正体です。

では、もう一方の氷ではどうでしょうか。ロウソクと同じように、氷と温度計の間を一〜二メートル離して、氷をおきます。

さて、温度計の目盛りは下がるでしょうか――。答えは、「ノー」です。これを「下がる」と答えると、失格となります。なぜなら、「熱は高いほうから低いほうへ移動する」という熱力学の第二法則に反するからです。熱は高いほうから低いほうへ流れるのであって、決して低温から高温に流れることはないのです。

――これで少しは「光冷暖」に向き合う準備はできました。

それにしても、どうして一台のパネルで全館冷暖房がなぜできるのだろうか……。あとはこの目で実物を見るしかない。実際にからだで体験するしかない――。そう決めて、以前から親交のある大東文化大学大学院教授の琉子《りゅうし》友男先生に事情を説明して、「一緒に行っていただけませんか」と同行をお願いしました。

琉子先生は運動生理学の学者（医学博士）であり、わが国の空気マイナスイオン研究の第一人者でもあり、また『空気マイナスイオン応用事典』（二〇〇二）『空気マイナスイオン実用ハンドブック』（二〇〇三）の共著者でもあることから、承知していただきました。

それがのちに、大きな意味をもつことになろうとは、このときは思いませんでした。大いなるナゾを抱えたまま、東京・品川の駅で待ち合わせることにしました。

第2章　日本の住まいと冷暖房

日本の住まいと冷暖房

「夏を旨」とした日本の家屋

日本人は「住まう」ことにさまざまな工夫をこらしてきました。夏が高温・多湿な日本では、古くから「夏を旨」として家をつくり、夏を「涼しく」するための工夫がなされてきました。たとえば、岐阜・高山に残る合掌づくりの家などをみると、超断熱ともいえるような、ぶ厚くふかれた茅葺《かやぶ》き屋根と深い軒《のき》で日ざしの熱の侵入を防ぎ、土間《どま》や土壁《つちかべ》は夜間の冷温を蓄えて「涼しい」環境をつくり出すようになっています。そうした工夫が日本の伝統的な建物の多くにみられます。

また、柱と柱の間を完全に開け放って、風通しをよくし、屋根の上部には通風口を設け、家の中に熱気がこもるのを防ぐよう工夫されています。また障子やふすまは、風通しを自在に調節することができ、住まいに心地よい「そよ風」をつくり出しています。

このように、わが国の伝統的な建物は、夏を涼しくするための基本的手法として「日よ

白川郷　合掌造り
写真提供：岐阜県白川村役場

け」と「通風」を基本としていました。日射熱の室内への侵入を徹底的になくすこと、室内へ入った熱や室内に発生した熱と湿気を、換気や通風で外へ逃がすことにありました。

　また、家のまわりに木を植えて、夏の強い日ざしを遮《さえぎ》り、冬は反対に木の葉が落ちて暖かい太陽の光が差し込むようにしてありました。木を植えることは、植物の蒸散作用からも合理的なことです。「打ち水」も夏の涼しさを得る一つの工夫でした。水が蒸発するときに「潜熱」を奪うからです。「風鈴」の音色も涼しさを感じさせるものでした。

日本人の繊細な感性

　暑さ寒さといった、温熱を表す日本のことばはたくさんあって、そこには日本人の繊細な感性をみてとることができます。

たとえば、「涼しい」ということばがあります。「涼しい風が吹く」といったりしますが、この「涼しい」という感覚は、からだ全体から快い程度に体温を奪われたときの状態を指します。

それがもっと強くなると「寒い」という表現になります。つまり「寒い」というのは不快なまでに熱を奪われたときの感覚を指します。それがもっと強くなると、今度は「冷たい」という表現になります。

夜明けの空気が冷たいとき、おもわず「ひゃっこい」といいますが、その「ひゃっこい」がもう少し強くなると、今度は「冷えびえ」となります。山中の冷えびえとした空気、冷えびえする夜などと表現しますが、これは風や空気の冷たいさまをいっています。

一瞬冷たく感じるさまは、「ひやりと」です。「ひやりとした風」が吹くといったりします。「冷涼」ということばもあります。高原に冷涼の気がみなぎるとか、冷涼な気候となるといったりしますが、これは冷えびえとして冷たいさまをいいます。

さわやかで涼しいことを「清涼」といい、「清涼の秋」などと表現されます。夏の早朝とか初秋のさわやかな涼しさは「爽涼《そうりょう》」です。「爽涼の秋」といったりします。

「今日は寒いね」といいますが、これは急に寒くなったり、気温や温度の低さをからだに感じるときに使います。

「肌寒い風」とか「春だというのにまだ肌寒い日がつづくね」というのは、「肌寒い」です。これは文字どおり、肌に寒さを感じることです。

「寒気（かんき）が深々と身を刺す」「寒さが身にしみる」というのは「深々（しんしん）」と表現されます。「寒さが凛と身にこたえるねえ」というのは「凛（りん）」です。寒さが厳しいさまを表すことばとして使われます。「カゼを引いたのか悪寒がする」「ぞくぞくる」というのは「悪寒（おかん）」です。これは「不快な寒さ」を指します。

「今日の天気はカラリとして気持ちいいね」というのは、湿気がぜんぜんなく、気持ちよいさまをいいます。

「暖かい」は、「涼しい」に対応することばで、温度がほどよいさまをいいます。私たちがいう「適温」とはこの感覚です。

「からだがほかほかする」ことを「ポカポカ」とか「ぽっかぽっか」といいますが、これは気持ちよく暖かなさまを指します。「ぬくぬく」いうことばもあります。これは包みこまれるように暖かくて気持ちのよいさまで、「コタツでぬくぬくと暖まる」などといいます。

「なま暖かい」は、妙に暖かいさまです。

「暑さ寒さも彼岸まで」といいますが、「暑い」は気温が高すぎる感じをいうことばです。日本の夏は蒸し暑いですが、これは蒸されるように暑いさまをいいます。

蒸されるような熱気は「熱れ（いきれ）」です。「草熱れ（くさいきれ）」は草原から出る熱気で、草いきれのする野原に寝ころんだ経験がみなさんにもおありでしょう。わたしにも若き日の思い出として残っています。

焼けつくように熱いときは、私たちは「灼熱（しゃくねつ）」と表現します。

このように私たち日本人は、わずかの気温の変化をとらえて、じつにうまい表現をするものだと感心します。

また、日本人は色彩にもすぐれた感覚をもっています。「色」は三原色で表されますが、日本には二〇〇〇種類もの色があるといわれます。日本にはそうした細やかな表現ができる文化性があるのです。

日本の暖房の歴史

人工の火をおこす

先人たちは、その厳しい寒さから身を守るため、さまざまな工夫をこらして生き抜いてきました。暖をとるには、まず火をおこすことからはじめなければなりません。最初の人工の火は、摩擦熱を利用しておこされました。木のくぼみに木の棒をあてがって両手の手のひらで強くこすったり、手のかわりに弓を使ってこすったりして火をおこし、それを乾燥した草や燃えやすい付け木に移して火を得るというものでした。

これは「火おこし錐《きり》」と呼ばれるもので、日本でも平安から室町時代ころまでこの方法が用いられていました。それが江戸時代に入ると、「火打ち石」が用いられるようになります。これは「火打ち金」と「火打ち石」と呼ばれる金と石をたたいて小さな火花をつくり、それを火口（ほぐち）の上に落として火を付けるというもので、「火打ち石」としては「燧石（すいせき）」が広く用いられていました。火口には「消し炭」が重用されたといいます。

その後、近代になって化学が発達すると「燐寸」すなわち「マッチ」が現れます。最初のマッチは一八〇五年に発明されました。いまの「安全マッチ」は、一八五五年に発明されたものです。

採暖と暖房

寒い日によく、外で作業している人たちが「たき火」を囲んでいる風景を見かけます。これを「採暖」といいます。いわゆる「暖をとる」ということですが、『広辞苑』にも『漢和辞典』にも、この「採暖」ということばは見当たりません。

「暖」は、むかし「煖《だん》」と書いていました。意読すると「あたたか」とか、「あたためる」です。意味は、あたたか（あたたかなり）、ぬくぬくとあたたかい、あたたかくてゆったりするさまで、「あかるいさま」という意味も含まれます。

「暖」は本来、太陽の「光」であたためてゆるみを与えることで、「煖」は「火」で暖めて固まりをほぐし、ゆるみを与えるという意味です。ですから、本来は「採煖」と書くべきなのかもしれません。それにしても日本語というのはみごとなもので、同じことばでもそれぞれに意味をもたせてあり、ここにも日本人の繊細な感性をみる思いがします。

さて、煖は「暖」として、もうひとつの「房」は、もともとは母屋《おもや》の両側に張り出た「小べや」のことを指していました。それが転じて広く部屋のことを意味するようになり、独房（どくぼう）・茶房（さぼう）・閨房（けいぼう＝寝室）などと言い表わされるように、室内、部屋という意味になりました。

つまり「暖房」とは、室内全体を暖めることであり、いいかえれば「室内気温」を上げることです。一方の「採暖（煖）」の方式は、熱発生装置あるいは発熱源である炎、または燠《おき》の近くに身を寄せて、主としてその放射（輻射）熱によってからだをあたためることです。「採暖（煖）」は歴史的には古く、原始人の寒さを克服する手段はもっぱらこの方式でした。

採暖の火は人びとを寒さから守るだけでなく、暑い地方でも炊事や夜間の照明に欠くことのできない「いのち」の綱でした。しかしそれは同時に、火災・やけど・焼死といった危険をも伴い、さらには有毒ガスや煤煙《ばいえん》というやっかいなものもかかえていました。言い換えれば、暖房とは熱をより効果的に使用しようとした人類の歴史ともいえます。

暖房の発達には、地域ごとの気候・風土に応じた工夫がみられます。暮らしや文化を背景に、時代とともに移り変わってきた暖房の歴史をふりかえってみましょう。それは民族のかたちをたどる旅のようなものです。

暖房器具の発明

まず、発熱体をより身近に置いて、寒さをしのぐための小道具が考えだされます。それが「火鉢」や「コタツ（炬燵）」です。さらに、より小型化したものとして「湯たんぽ（湯湯婆）」「アンカ（行火）」「カイロ（懐炉）」なども考えだされました。

大型の「火鉢（ひばち）」や「薪《まき》ストーブ」「石炭ストーブ」は採暖器具であると同時に、部屋を暖める暖房器具でもありました。その強い放射熱で、速効的にからだをあたためるだけでなく、同時に周囲の家具や建材も暖め、結果として部屋全体が暖められます。

屋内でたき火をするのが「囲炉裏（いろり）」です。さらには、煙を壁のなかを通すことを考えました。これが「壁付暖炉」です。この方式は、気温の低い地方で発展し、「ペチカ」となりました。「ペチカ」と聞くと、「雪の降る夜はたのしいペチカ、ペチカ燃えろよ、お話しましょ」というあの歌詞が自然に浮かんできます。

次いで、暖房は壁から独立した方式が考えだされます。それが「ストーブ」です。そのストーブは、紀元一〇〇〇年ごろ、中国において発明されたといわれます。現在においてもよくみられる鉄製のストーブは、イギリスで考えだされ、アメリカで発展したものです。

その原型は、壁付暖炉の改良に始まるといわれます。ただ、じつに熱効率が悪いのが欠点でした。それを改良したのが、ベンジャミン・フランクリン（一七〇六〜一七九〇）で、彼は画期的な工夫を行なって、熱効率を大きく改善しました。

一方、室内に「囲炉裏」や「ストーブ」といった、直接火を使う器具を置かず、家屋の床下で火をたいたり、燃やした熱を床に回す方法をとったのが、「床下暖房」です。そのはじまりは古く、「ハイポコースト（hypocaust）」はローマ時代にさかのぼります。また、中国の「カン」や朝鮮の「オンドル（温突）」は「床下暖房」の代表的なものです。

その後、新しい暖房器具が次々と開発されてゆきます。電気ストーブ、石油ストーブ、ガスストーブ、ＦＦ式ファンヒータ、そしてエアコン（エア・コンディショナー）と、その技術発達によって私たちの生活はむかしにくらべ格段に快適になりました。その一方で、地球温暖化、環境問題、石油・石炭などの化石燃料の枯渇、原発の事故、電力資源の不足といった大きな問題をかかえていることも事実です。

以下に、それぞれの暖房器具をみていくことにします。

暖房の発達は、それぞれの暮らしや文化を背景に、時代とともに移り変わってきました。そしてそこには、地域ごとの気候・風土に応じた工夫がみられます。、

暖房器具の変遷

囲炉裏（いろり）

「囲炉裏」はいわば「たき火」を家の中にもち込んだもので、採暖方式としてはもっとも古く、地方ではいまでも使われています。囲炉裏は暖をとる目的だけでなく、炊事にも使用され、家族のだんらんや接客の場としても重要な存在でした。

囲炉裏の位置・構造・形はいろいろで、その家の生活様式や家屋の構造によって異なり、燃料には主に柴（シバ）、粗朶（ソダ）、薪（別名、割木）の類いが用いられていました。家屋内でのたき火であるため、あまり炎が大きくならないよう気を配りながら、絶えず燃料補給をしつつ、ときどき火の位置を変えて火力を調節しなければならないという難点があります。

燃料の燃焼効率は一〇〇パーセント近くで、熱はすべて家の中に放出されます。しかし、断熱性、機密性の悪かった旧来の家屋では、熱損失がきわめて大きく、また囲炉裏近くの周辺だけ、それも火に向き合う部分だけが炎や熾《おき》（薪が燃えて炭火になったもの）の放射熱で暖かく、背中は寒いという欠点があります。

囲炉裏は日本の家族の原風景

囲炉裏の最大の問題は立ちのぼる「煙」です。煙のなかには一酸化炭素（CO）や二酸化炭素（炭酸ガスCO_2）、スス（煤）や灰やホコリもあり、健康上の問題もさることながら、生活上の不自由さは大きな欠点でした。しかし、囲炉裏は日本の風土にもっともなじむ採暖方式であったともいうことができます。

「囲炉裏」は家族だんらんの場であり、その家々の家風や趣向が凝らされていました。「自在鈎《じざいかぎ》」はその最たるもので、吊り手の材料や様式にも、家それぞれの美意識が込められていました。鈎《かぎ》の形も魚類や花鳥から宝船や打ち出の小槌のような縁起ものまで、さまざまな様式が凝らされ、吊り手の中の心棒も、丸形・角形があり、彫り物を施したものもありました。これらは、床の間のない部屋のささやかな飾り意匠でもありました。

火鉢（ひばち）

「火鉢」は古くから室内暖房用として使われてきました。平安時代に貴族の暖房用として発達したといわれます。火鉢の燃料は主に「炭火」で、炭火は煙を出さないことから、主に座敷用として用いられていました。しかし欠点は、暖房効果が小さい点にあります。「火鉢」には手をあぶるだけの小さなものから、採暖目的以外のいろいろの機能をもたせたものまでさまざまなものがありました。たとえば、小物入れの引き出しを付けたものから、酒をお燗する「湯缶」を備えたものまで、さまざまなタイプのものが登場しました。豪華さといえば、時代劇や芝居、歌舞伎で大親分や花魁《おいらん》の座る「長火鉢」はその代表ですが、これらは冬場に限らず、夏でもお茶用の湯を沸かすのにも使われました。そこに坐った人の「煙管（きせる）」を火鉢にたたく音が聞こえてきそうです。

平安絵巻にも登場する火鉢

「火鉢」はまさしく冬の座敷や店先の主役でもありました。それだけに、装飾も無地あり絵柄ありとそれぞれに趣向が凝らされ、材質も鉄製のものから真ちゅう製、木製、陶器製があり、もっともポピュラーなものとしては、陶器か磁器でつくられた円形のものが多く用いられていました。なかには、高価な「桐」や「ケヤキ」を使い、内側に銅を張った木製品のものもあり

豪華さと実用をかねた長火鉢

五徳と火箸がついた一般的な火鉢

ました。

これに火ばし、灰ならし、五徳（ごとく）が付いて、一式となっていました。暖をとるという実用を目的としながらも、それに芸術的な付加価値をつける。ここに日本のものづくりの原点をみるような思いがします。

着物と火鉢――。ここには日本の冬の情景、風情があります。鉄びんがたぎった火鉢をみただけで、その家の暮らしぶりやおもむき、さらには家主の性格まで思い浮かべることのできるのは日本人だけかもしれません。

火鉢の使用でもっとも問題となるのが、炭火の取り扱いです。真っ赤におこった炭火なら問題ないのですが、火鉢のなかで木炭から炭火をおこすと、独特の悪臭と有毒な一酸化炭素が発生することです。

浮世絵に描かれた炬燵

足あぶりとして使われた炬燵

炬燵（コタツ）

「コタツ」は「火燵」とも書き表わされますが、もともとは室町時代に中国から入ってきたものです。当時は、低いやぐらで囲った「足あぶり」として利用されていました。いまの高さと大きさになったのは、日本の畳の生活向きに改良されてからのことです。

また、コタツの上にふとんをかけるようになったは、十七世紀以降、江戸時代になってからで、中国から綿花や綿が輸入されるようになってからだといわれます。

「コタツ」は部屋全体を暖める「暖房用具」としてはまったく意味をなしませんが、厚着をして腰から下を暖めていると、いわゆる「頭寒足熱」で、寒い部屋でも少ないエネルギーで快適な生活ができるのが利点です。

床を切って作られた日本独特の掘り炬燵

コタツにはもち運べる「置きゴタツ」と、床を掘りさげた据え付け型の「堀りゴタツ」「切りゴタツ」があり、人数の多い家族では、大きくて深いものがよく用いられていました。しかも、上に台を置けば食卓になり、勉強机にもなることから、さまざまに利用ができます。夏場にはフトンをはずして食卓として使うこともでき、一年中、使うことができます。

コタツには従来、木炭（炭火）が主な燃料として使われていましたが、それが「練炭《れんたん》」となり、やがて電気となり、「赤外線コタツ」となりました。以前、「赤外線コタツはどうして赤いのか」と聞かれることがよくありました。「赤外線は目に見えない光です。目に見えないと、電源が入っているかいないかがわかりづらいため、ランプの表面に赤い塗膜を施して赤く見えるようにしているのです」と答えたことを覚えています。最近の「赤外線コタツ」は光の出ない遠赤外線放射体が使われていることから、むかしのように「赤い光」を出すものは少なくなっています。

炭火のもっともやっかいなのは、「一酸化炭素」という有毒ガスを出しやすいことです。

いまでも一酸化炭素中毒による死亡事故が伝えられますが、閉め切った部屋で炭火を使用するときには、中毒事故を防ぐためにも、十分「換気」に気をつけなければなりません。

炭火といえば、すぐに思い浮かべるのが「備長炭《びんちょうたん》」です。

備長炭は、紀州産の姥女樫（うばめがし）を原料とした良質の「堅炭」で、江戸時代の元禄（一六八八〜一七〇四）のころに紀伊・田辺の備中屋長左衛門《びっちゅうやちょうざえもん》が販売したことから、そう呼ばれるようになりました。

余談ですが、当時、薩摩藩はこの備長炭の製造技術を盗み取ろうとして、密偵まで送り込んでいたという話があります。木の種類（うばめがし）や焼き手順、窯の構造まで調べあげたのですが、どうしてもうまくできなかった。これは窯《かま》の壁に使う粘度の性質の違いで、熱伝導（放熱）が微妙に違ったため、高品質の木炭が得られなかったといわれます。

しかし、コタツの利点は何といっても取り扱いが簡単で、使い勝手がよく、清潔なことです。「炭火」は薪にくらべて煙が少なく、着火も容易で、しかも火力が強く、火持ちがよいのが利点です。この炭火を初めて使ったとき、人びとは「何と素晴らしい燃料がでたものだ」と思ったことでしょう。いまや、炭火は過去の時代の火になってしまいましたが、これほど日本の風土にとけ込んだ「火」はないでしょう。

コタツにかけぶとん、そこに綿入れ半纏（はんてん）を着てミカンをほおばる――。

これもまちがいなく日本の冬の情景のひとつです。

行火（アンカ）・湯湯婆（ゆたんぽ）

「アンカ」や「ゆたんぽ」は、いわば一人用の小型コタツともいえる採暖方法です。行火の「行」（アン）は「動かす」という意味からきたもので、行灯（あんどん）や行脚（あんぎゃ）の「行」と同じ意味です。

アンカの燃料には、炭火、炭団《たどん》（炭の粉を糊などで丸く固めたもの）、豆炭などが使われ、主に足を暖めるために用いられていました。外側は木製、または土製でできていて、小さい火鉢状のものもありました。

「アンカ」を、主に寝床用に使うのが「ゆたんぽ」です。「湯婆《たんぽ》」は中国語（唐音＝とうおん）からきたことばで、「湯」を付けて「ゆたんぽ」になったといわれます。

文字どおり火は使わず、お湯を入れて使います。

水の比熱が大きいため、長時間保温性が高く、いまでもこどもやお年寄りの暖房器具として広く使われています。最近では「節電」の声に呼応して、再び注目を集め、大きく売上を伸ばしているようです。プラスチック製のものが多く、色もカラフルで、種類も多いことから人気を集めています。

湯湯婆には自然な温かさがある

行火。炭火を入れて手足を温めた

日光東照宮の宝物館《ほうもつ》には、徳川家康がつかったという「猫アンカ」が残されていて、陶器（瀬戸物）でできたネコで、しっぽの先からお湯を入れるようになっているということです。

「比熱」というのは、その物質の一グラムの温度を一℃上げるのに必要な「熱量」のことで、比熱が大きく、その質量が大きければ熱容量も大きいことになります。

比熱が群を抜いて大きいのは「水」です。その値を比較すると、水が一・〇、鉄は〇・一七、コンクリートが〇・八四、ガラスが〇・二前後ですから、「ゆたんぽ」は科学的にも合理的な暖身器具ということができます。

ただし、包み方を上手にしないとやけどをする危険がありますから、取り扱いには十分注意する必要があります。

懐炉灰と懐炉

懐炉（カイロ）

「カイロ」はその名のとおり、懐中に入れて胸やおなかを暖める道具として、江戸・元禄時代の初めのころに発明されたといわれます。ちょうど備長炭がつくられた同じころです。それ以前の平安時代や鎌倉時代には、焼いた石（焼石《やきいし》）や温石《おんじゃく》といって温めた石を用いていました。

その後、「懐炉灰《かいろばい》」が発明され、次いでベンジンやガソリンを使う「白金カイロ」が開発されて、着火・携行ともに格段に容易になりました。現在では、鉄の酸化熱を利用する「使いすてカイロ」が主流になっています。これは一九七九年、硫化鉄を使った手もみの使い捨てカイロが最初でした。

ストーブ

「ストーブ（stove）」をアメリカの大百科事典『エンサイクロペディア・アメリカーナ』

で引くと、十五〜十六世紀までは「暖かい部屋」のことを指すとあります。当時、この部屋は生活の場ではなく、温室や乾燥室のことを指していました。のちに、炊事や暖房のために使われるようになり、周囲の囲まれた炉のことを「ストーブ」と呼ぶようになったとあり、十九世紀以降になって、いまでいうストーブということに定着したとあります。

　ストーブと同じ意味で使われる英語に「ヒーター(heater)」があります。ヒーターは「ヒートするもの」、つまり熱くし、暖めるものはすべてヒーターであり、ストーブもヒーターの一種で、「ルームヒーター」といえばストーブということになります。

ずんぐりとしたダルマストーブ

　また、「ファーネス（furnace）」も「暖炉」と同じ意味で使われることがありますが、ファーネスは「溶鉱炉」とか「かまど」を指し、室内に置く暖房器具とは少し意味が違います。室外または屋外に設置するセントラルヒーティング用の「ボイラー」がファーネスです。また同じ意味から、炊事兼用の台所のストーブにもこのことばがよく使われます。

　暖房器具としての「ストーブ」は、国によってそれぞれ違った名称で呼ばれていて、ドイツでは「オーフェン（Ofen）」、オランダでは「カッヘル（kachel）」、ロシアでは「ペチカ（печка）」、フランスでは「ポワール（poêle）」、中国では「火炉」――。

このことは、ストーブがそれぞれの国において寒さを防ぐために、それぞれ工夫され、製作されたものと考えることができます。いわば、「ストーブ」は自然発生的に、生活の必需品として登場したといっていいでしょう。

日本でストーブが普及するのは明治以後のことです。その使用する燃料によって、「石炭ストーブ」「石油ストーブ」「ガスストーブ」「電気ストーブ」に分けられ、また放熱の形態から「反射式」と「対流式」に分類されます。

石炭ストーブはダルマのかたちをした「ダルマストーブ」と、一回分の燃料を入れて燃え切るまで炊く「ルンペンストーブ」、また薪やおがくずを燃料とするストーブや、安くて長時間持続する「練炭ストーブ」があります。これらは石油・ガス・電気などのストーブに押されて姿をみることが少なくなりましたが、地方ではまだ現役として活躍しているところもあります。

石油ストーブ

現在では、燃料装置と外気を直接結ぶ温風暖房機が普及しています。

石油は最初、石油ランプとして照明に使われ、次いで石油コンロ、石油ストーブの熱源として使われてきました。「石油ストーブ」が市場に出まわりはじめたのは昭和三十二年ころからで、その後急速に普及し、昭和五十四年には、普及率は最大九二％にまで達しました。その後、エアコン、ファンヒーター、電気カーペットなどに押され、減少に転じましたが、現在でもなお、その普及率は六五％近い高水準を保っています。

石油ストーブは、ガスストーブ、ファンヒーターなどとともに暖房機の代表格ですが、これらは室内の空気を汚染します。かつて、石油ファンヒーターで酸欠による死亡事故が発生した例がよくありました。

石油は有機化合物ですから、燃焼させるためには酸素が必要であり、燃やすと必ず二酸化炭素（炭酸ガス）と水蒸気が発生します。灯油、都市ガス、LPG（液化石油ガス）などもそうです。灯油一リットルを燃やすと約九平方立法メートル（㎥）の空気を消費し、八九〇〇カロリーの熱を出しますが、このとき一・三㎥の二酸化炭素と、一・二㎥の水蒸気と、一〇㎥の排気ガスが発生します。

二酸化炭素（CO_2）の濃度が増えると酸素濃度が低下し、その結果、酸素不足による不完全燃焼が起きやすくなります。不完全燃焼だと一酸化炭素（CO）が発生し、非常に危険です。酸素濃度が二〇〜一九％以下になると、急激に一酸化炭素濃度が上昇するといわれます。また、排気ガスのなかの水蒸気は冬の乾燥しやすい室内の湿度を上げる効果がありますが、換気をよくしないと「結露」を招きます。

石油は石炭や薪にくらべて着火しやすく、燃焼速度も速いのが利点ですが、爆発や中毒、さらには酸欠（酸素欠乏）による事故の危険があります。

ガスストーブ

ガスも、最初は「ガス灯」として明治九年（一八七六）から使われ、その後、明治三十年ころになって「ガスコンロ」が使われ出しました。当初のガスは石炭を蒸して発生させた、いわゆる「石炭ガス」で、当時の都市ガスとして配管で供給していました。

ガスストーブが一般家庭で使われはじめたのは、昭和四十年（一九六五）ころからでした。それが昭和四十年代になると、液化石油ガス（ＬＰＧ）、天然ガス（ＬＮＧ）が使われるようになり、熱量が大幅にアップしました。また、都市ガスの普及していない地方でも「プロパンガス」が販売されるようになり、一般家庭で使われるようになりました。

ガスストーブの利点は、何といってもその簡便さと使いやすさにあります。石油ストーブのようにいちいち給油の必要もなく、バーナー（燃焼器）の構造も簡単で、熱効率も高く、排ガスも石油にくらべてクリーンなことです。また、含まれる水分も少ないため、結露の

昭和９年に作られた日本オリジナルのガスストーブ

現在のモダンなガスストーブ

心配もないことから、急速に普及しました。

ＦＦ式ファンヒータ

「ＦＦ式」というのは、強制的に通風させ、給排気のバランスがとれるように設計された、煙道をもつタイプという意味からきたもので、「ＦＦ式ファンヒータ」は室外の空気を強制的に機械内に給排気して燃焼させるため、室内の空気を汚さないのが最大の利点です。

通常、機器本体の背面から水平方向に二重式の煙突が壁を貫通して取りつけられ、この煙突を通して屋外の空気を取り入れ、排気を屋外へ排出するようになっていま す。そのため、室内の酸素を消費することも、排ガスで室内を汚染することもありません。

ただ、このＦＦタイプは、燃焼にともなって発生する水蒸気も室外へ排出しますので、温度の上昇とともに湿度が低下し、室内が乾燥気味になります。

これはエアコンで暖房する場合も同じです。しかし、室内の空気を汚さないという点ではすぐれた暖房機であるといえます。

ガスファンヒーター

ガスファンヒーターは、都市ガスなどのガスを利用するタイプの暖房器具で、利点はすぐに部屋が暖まるという速暖性と、石油ストーブのような嫌なニオイがないことと、石油を足したりする手間がないことです。ただ、ランニングコスト（経済性）が石油ファンヒーターにくらべて高いのが欠点です。

ガスファンヒーターも、「ファン」によって強制的・機械的に空気を循環させる暖房機器ですから、やはり室内のホコリを巻き上げるという欠点があります。

電気ストーブ

「電気ストーブ」の最大の欠点は、何といっても発熱量あたりの料金が高いことです。したがって、割安になる深夜料金を使う蓄熱式の暖房施設やコイル状の電熱器を内蔵したベースボード・コンベクターとしてホテルや学校などに使用する「集中（中央管制）暖房」としては電気のメリットはありますが、住宅の各室暖房用としてのストーブにはあまり向いていないといえます。ただ、ヒートショック（温度差による疾病）を予防する意味から、トイレや浴室などの低温化防止対策として「パネルヒーター」などでの対応は、健康の面からみて意味があります。

エアコン

「エアコン」は、現在もっとも普及している冷暖房機器です。日本における「ルームエアコン」の普及は、いわゆる「3C」（Car・Cooler・Color television）の時代と呼ばれた昭和四十二年（一九六七）ころからはじまりました。

ルームエアコンは、一九五〇年代にウインド型クーラーがアメリカから輸入され、国産化が始まりました。その後、室外機と室内機を分離した壁掛け型セパレートタイプのエアコンが開発され、現在に至っています。いまでは、一家に二台、家によっては各部屋に一台という普及率です。

エアコンは、はじめ生産空間用に開発された技術でした。その技術をそのまま居住空間用に応用して、発展してきたのがいまの姿です。

エアコンの原理は、「冷房」の場合、アルコールで消毒するとひんやりして涼しく感じますが、これと同じで液体が蒸発して気体になるときに周辺の熱を奪う、いわゆる「気化熱」を利用し、反対に暖房の場合は、気体が液体になるときに熱を放出するという性質を利用したものです。

エアコンの利点としては、①電気ヒーターにくらべて三〜四倍効率が高いこと、②「冷媒」の流れを変えることで冷房と暖房を同一に行なうことができること、したがって同一設備で冷房と暖房ができるため、設備の利用効率が高いこと、③燃料を使用しないため火災や不完全燃焼による中毒などの危険性がないことです。

床暖房

「床暖房」とは、電気や温水などを利用して床面を暖める「低温放射暖房」のことです。温風暖房とは異なり、床暖房は床面からの放射による暖房であるため、床面付近が暖かく、天井まで均一な温度分布となり、いわば「頭寒足熱型」の暖房方式で理想的な暖房といえます。

また、対流式暖房のような気流感がなく、送風機の音がないことも人気の一因となっているようです。しかも、室内に燃焼器具がないため、器具やコードにつまずいて転倒したり、やけどの心配もなく安全です。

床暖房には大きく分けて「設備型」と「簡易型」があり、さらに「温水式」と「電気式」があります。

簡易型で電気式の代表が「電気カーペット」です。「温水式床暖房」は熱源機で温水をつくり、その温水を床下に設置したパイプで循環させて床面を暖める方式です。もうひとつの「電気式床暖房」は、床下に電熱ボードを敷きこんで床を暖める方式です。

ランニングコストは電気式のほうが割高で、安全性は温水式のほうが高いのが特長です。

床暖房は放射と伝導を利用した暖房方式ですから、気流がなく肌から水分が奪われることが少なくてすみます。また、足元が寒いといったいわゆる「スースー感」もないので、長年足元の冷える家に住んで寒い思いをしてきた人にとってはそれこそ強い味方です。

床暖房の快適性はなんといっても、その足元の暖かさにあります。ただ、床から感じる温度が人によって快・不快の感じ方が違うということもあります。

遠赤外線放射暖房

日本で遠赤外線が暖房に使われるようになったのは一九七〇年代、昭和四十七年から四十八年にかけてのことでした。それまで石油やガスを燃焼させて空気を暖める（いわゆる対流方式）のが主流だったところに、放射熱を利用するという加熱方式の登場は、当時としては画期的なことでした。

それがドイツのシュバンク社から売り出された「シュバンク・バーナー」とよばれるもので、その効率のよさからまたたく間に普及しました。当初は主に工場用の暖房として使われていましたが、その後、一般家庭用に陶磁器の素焼体を用いたガス燃焼赤外線放射暖房器が開発され、広く普及していきました。

放射暖房は、熱源の温度により、①低温型、②中温型、③高温型に分類されます。

「低温型」は床暖房や電気カーペットがその代表的なものですが、人体が直接触れてもやけどをしない程度の温度を広い発熱面から遠赤外線を放射するタイプで、遠赤外線コタツもこのタイプに入ります。

「中温型」は二〇〇℃前後の比較的高い温度の熱源から放射するタイプで、主に天井暖房として用いられています。天井暖房は一見「頭寒足熱」の原則に反するように思われますが、天井からの放射熱によって床面が暖められ、床暖房のような暖かさが得られます。

「高温型」は五〇〇〜一〇〇〇℃の高温の熱源から特定の方向に向けて集中的に放射するタイプで、よく屋外競技場のスタンドやビルの入り口などで、上から暖かさを感ずることがありますが、これは「ガス燃焼式遠赤外線放射暖房器」を天井に設置しているのです。このように、遠赤外線放射暖房は風が吹き抜けていても暖かさが変わらないのがその最大の特長です。

また、遠赤外線暖房は空気を暖めることなく人体を直接暖めますから、「スポット（部分）暖房」「パーソナル暖房」ができ、経済的で省エネルギーです。とくに省エネルギー効果は非常に大きく、約五〇パーセントのエネルギーの節約が可能です。

ここに、一般的なニクロム線を使ったヒーターと遠赤外線セラミックをコーティングした放射率を示してみます（**図2－1、図2－2**）。遠赤外線セラミックをコーティングしたほうが放射率が高いのがわかります。この二つの温熱刺激を比較すると、ニクロム線を使ったヒーターはチリチリするような熱さが感じられ、セラミックコーティングした遠赤外線ヒーターは一見もの足りない熱感なのですが、長時間使用しているとマイルドで快適な暖かさです。

「遠赤パネルヒーター」はその代表です。電気を熱源として、パネル状になっている表面から遠赤外線を放射します。表面温度が高くならないため、高温やけどの心配がないことから、安全性の高いストーブとして人気を集めています。

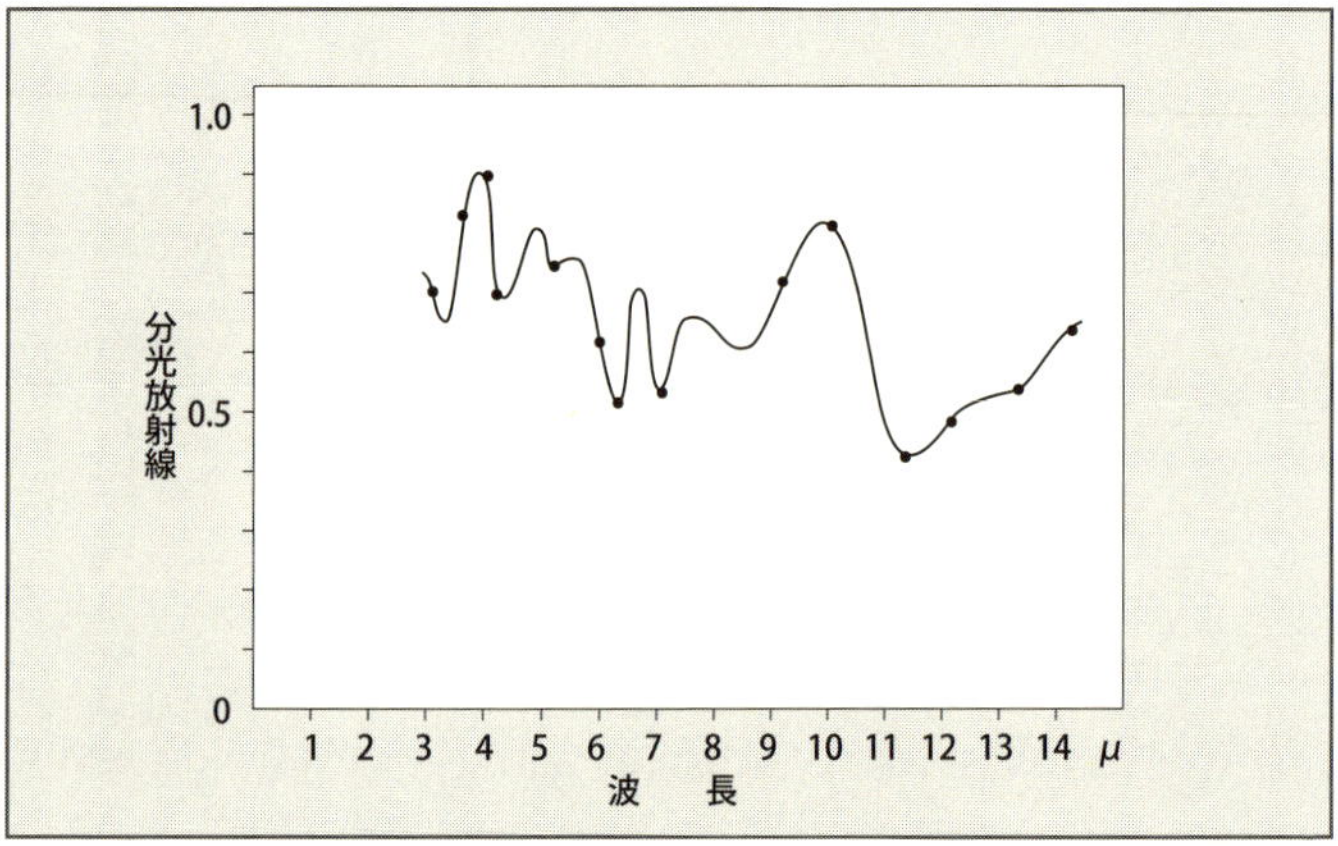

図 2-1　ニクロム線ヒーターの放射率

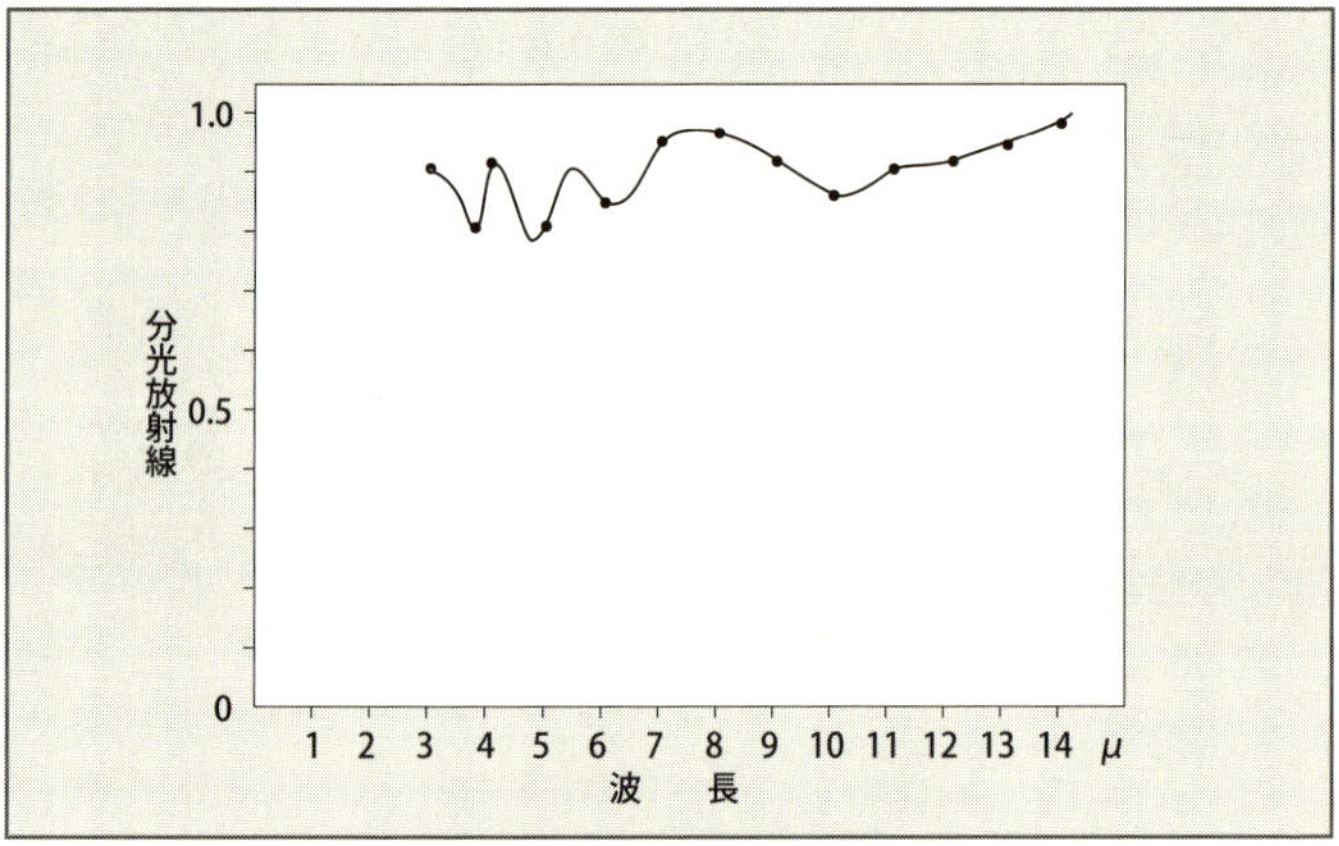

図 2-2　遠赤外線ヒーターの放射率
（出典：『電熱』、No.22、1985）

その他の暖房器具

現在、どんな暖房器具があるのかと思い、大型電器店や量販店を見に行きました。すると、いろいろな機種が並べてありました。

「ハロゲンヒーター」「カーボンヒーター」「オイルヒーター」「セラミックヒーター」、それに「ハイブリッドヒーター」というのもありました。

「ハロゲンヒーター」は、ハロゲンランプから出る放射熱を利用するストーブで、電気を熱源としています。発熱体にランプを使用しているため、「スイッチを入れるとすぐに温まります」と店員は説明してくれました。これも遠赤外線放射暖房方式ですが、スポット用暖房器具としては有用ですが、部屋を暖める効果はありません。最近では、カーボンヒーターにとって代わられているようです

「カーボンヒーター」は、カーボン（炭素繊維）を発熱体とした電気ストーブの一種です。これも遠赤外線放射式暖房器具ですから、スポット用暖房器具としては有用ですが、部屋を暖める効果はありません。しかし、電気ストーブやハロゲンヒーターよりも放射効率が高く、高い暖房効果が期待できます。

「オイルヒーター」はむかしからありましたが、その暖房能力の低さからいまひとつ人気

がありませんでした。しかし最近、その高い安全性と空気を汚さないという点が見直され、気密性の高い住宅ではその特長から近年人気が高まっています。オイルヒーターは電気で中に入っているオイルを暖めて、その熱をヒーター内で自然循環させて部屋を暖める仕組みです。

「ハイブリッドヒーター」というのは、オイルヒーターと遠赤外線パネルヒーターのいいとこどりしたような暖房器具で、遠赤外線の速暖性と暖められたオイルでゆっくりとおだやかに部屋を暖めることを目的にした、いわば機能性暖房器具です。ただ、広い部屋を暖める能力は小さいといえます。

暖房器具と室内空気汚染

これまでみてきたように、暖房器具は私たちを寒さから守り、暮らしに大いなる恵みをもたらせました。住宅も木造からプレハブへ、そしてマンションへと様変わりし、気密性がきわめてよくなりました。一方で、その気密性ゆえの問題が浮かび上がってきました。それが「室内空気汚染」です。

暖房はその種類によって、室内の空気汚染の大きな原因となり、室内での健康に大きな影響をおよぼします。たとえば、ガスや石油を使用する暖房機器は煙や有毒ガスを排出し、燃焼によって放出される物質は、頭痛、めまい、疲労感、呼吸器の異常、動悸、視力や聴力障害、脳機能の低下などをひき起こします。

また、暖房器具のホコリやヒーターに付着したホコリが熱でこげ、有毒なガスを発生させ、室内空気汚染の原因ともなります。

ファンヒーターやエアコンのように強制的・機械的に空気を循環させる暖房機器では、ホコリが巻き上がり、細菌やカビ、ダニの死骸などがつねに鼻孔に入ってくることになります。ファンヒーターやエアコンのような、風を吹き出す暖房機器は、健康の面、とくに呼吸器を障害するリスクがあるとい

化学物質過敏症　「化学物質過敏症」とは、「微量な化学物質に反応してさまざまな症状がひき起こされる症候群」のことであり、自律神経の障害がその特徴である。症状の多くは結膜炎、目のふちのただれ、なみだ目、ドライアイ、まぶし目、かすみ目、疲れ目、白内障、黄斑部変性症、緑内障、目の運動機能の障害によるめまいや立ちくらみなどの目の症状。のどや口の症状では、のどがいがらっぽい、のどの痛み、つばが多く出る、唾液腺の機能不全による異常な口の乾き、声がかすれ、息苦しくなる、喉頭浮腫など。さらには耳が痛い、耳なり、耳閉感、難聴、といった耳の症状。鼻の症状もよくみられ、鼻水、鼻が乾く、鼻が詰まる、鼻が痛い、副鼻腔炎、蓄膿症などがみられる。そのほか肺機能障害や心臓・血管系の障害、内分泌障害、皮膚疾患、便秘、下痢、しびれといった障害もみられる。最近のアメリカのレポートによれば、頭痛、めまい、肩こり、その他のからだの不調の訴え（いわゆる不定愁訴）以外にも心臓の弁の症状（僧坊弁逸脱症、心電図の異常）、アミノ酸の排泄異常、脂肪酸の代謝の異常、酸化・還元酵素などの異常、呼吸などに関する酵素活性の減少などが、化学物質過敏症の患者に認められるという。ＣＴスキャン（コンピュータ断層撮影）から、化学物質過敏症患者の大脳にはとくに側頭・頭頂葉に血液が通りにくくなる「虚血状態」が全体の 40％ほどの患者から見つかったという報告がある。さらに 1993 年の国際環境会議では、患者の約半数に「自律神経系の異常」が認められたという報告もなされている。

う指摘は専門家の一致した意見です。

また、化学物質過敏症の人、空気汚染物質に過敏な人、環境の変化に過敏な体質の人で、ガスか石油を燃料とする暖房機器を使っているようなら、改良を加えるか、または屋外へつながる空気の吸入管と排出管を備えたものにするか、それともまったく新しい暖房機器を導入するのがベストだと、専門家は指摘しています。

消費者へのアドバイス

国民生活センターは「石油ファンヒーター」の使用について、そのテストの結果から、次のようにアドバイスしています。

❶ 閉め切った部屋で石油ファンヒーターを使用すると、室内空気環境は悪化する。一時間に一〜二回程度、しっかり換気しながら使用すること。

石油ファンヒーターのような開放式の石油暖房機器では、温風と共に燃焼ガスが室内に排出されるため、閉め切った部屋での使用を続けると二酸化窒素（NO_2）や二酸化炭素（CO_2）などが短時間で換気が必要なレベルにまで上昇してしまう。ただちに身体的影響が出ないまでも、室内空気環境は悪化しており、冬場には長時間石油ファンヒーターを使用することから、好ましくない物質を呼吸などにより体内に取り込んでしまう危険性がある。表示や取扱説明書にもあるように、換気サインにたよらず一時間に一～二回、一～二分程度の外気との換気を行なうと、室温をそれほど下げることなく、室内空気環境を改善することができる。室内空気環境をよりよい状態に維持するため、室内空気が新鮮な空気と十分に入れ換わるよう、しっかりと換気をする必要がある。

❷設定温度を高くすると室内空気環境がより悪化する。設定温度はひかえめにしたほうがよい。

設定温度を二〇℃と二五℃にした場合の室内空気環境を見たところ、高めの二五℃に設定した場合には、燃焼により生成する二酸化窒素や二酸化炭素などの燃焼ガスや揮発性有機化合物の室内濃度が二〇℃に設定した場合よりも高くなり、室内空気環境としてはより劣悪な状態になった。室内空気環境の観点から、設定温度はひかえめにして使用したほうがよい。

❸VOC（揮発性有機化合物）による室内空気汚染の観点から、部屋の広さに対し最大暖房出力が過度に大きなものは使わないほうがよい。

部屋の広さに対し、最大暖房出力が過度に大きなものを用いたところ、揮発性有機化合物の室内濃度がより高くなる傾向が見られた。部屋の広さよりも暖房のめやすが過度に大きい石油ファンヒーターは、揮発性有機化合物による室内空気汚染の観点から、使わないほうがよい。

❹呼吸器の弱い人や疾患のある人、子どもがいる環境ではほかの暖房機器の検討を。

石油ファンヒーターを使用すると、呼吸器への悪影響がある二酸化窒素の室内濃度が高くなる。肺や気管支などの呼吸器が弱い人や疾患のある人、子どもがいる環境では、買い替えなどのさい、なるべくエアコンなど室内空気汚染が少ない暖房機器を考慮に入れて検討したほうがよい。

窒素化合物

窒素酸化物あるいは窒素化合物は、通称「NOx」と呼ばれるが、窒素酸化物による健康影響の大部分は二酸化窒素（NO_2）によるものと考えられる。窒素酸化物（NOx）は燃焼現象によって生ずる。窒素酸化物は独特の臭いから、濃度が低レベルでも臭気としてとらえることができる。すなわち0.12ppm（100万分の1）で感知されるといわれる。さらに、0.26ppm程度の濃度で「暗順応」の変調をきたすともいわれる。

ある調査で、2,554名の「ガス調理器具」を有する家庭の6～11歳の学童の呼吸器症状を有する群と、3,204名の「電気調理器具」を使用する家庭の学童群の有症率を比較したところ、ガス調理器具使用家庭の学童に気管支炎、昼夜の咳、朝の起床時の咳、かぜ、息切れ、ぜんそくなどの増加が見られたという結果が報告されている。

現在、わが国でも、大気汚染および室内汚染の観点から、窒素酸化物の健康へ及ぼす影響が関心事になっている。

日本の冷房の歴史

暑さにあらがいようがなかった古代

約二〇万年前、アフリカにとどまった人類から、私たちの直接の祖先である「新人」（ホモサピエンス）が誕生しました。彼らはイスラエルの狭い陸路を通って世界へと移動していき、ヒマラヤ山脈の南側からインドに入ったものはインド人の祖先となりました。

一方、北部へと向かったものは「モンゴロイド」となって寒冷地の気候に適応していきました。さらに、東南アジアへと向かったものたちはインドネシアを経由してオーストラリアにたどり着き、アボリジニ（オーストラリアの先住民）などのオーストラロイドの祖先になりました。

東アジアのモンゴロイドはさらに新天地をもとめて、ついにベーリング海峡を渡り、約一万三〇〇〇年前にアメリカ大陸へと到達し、一万二〇〇〇年前には、南アメリカ最南端まで到達したのでした。

人類がくり返す氷河期の寒冷に適応し、その寒さ乗り越えてこられたのは、まさに「火」の利用と暖房器具の発明にあったといっていいでしょう。

一方、人びとは暑さにはあらがいようがありませんでした。暑さから逃れる唯一の方法は、日陰に身を隠すか、木陰をみつけてそこで涼をとるか、もしくは海辺や川辺に行って水浴びをするしかありませんでした。

ちなみに、江戸時代まで、涼をとるのに「氷室」の氷が用いられていました。

うちわで涼をとる

暑さは人間にとって大敵でした。強い直射日光に長時間さらされると、体温は上昇し、熱がからだにうっ積し、水分は喪失し、それとともにミネ

氷室　日本古来の、氷を冬に採取し夏に使用できるように貯蔵する室。現在の冷蔵庫にあたる。古くは「日本書紀」(720年) の仁徳天皇の記事に大和の闘鶏 (つげ) 氷室がみえる。深さ一丈ほどの穴にススキなどを厚く敷き、池から採取した氷をおいて草で覆ったといわれる。夏場の氷は貴重品であり、長らく朝廷や将軍家の一部の権力者のものであった。江戸時代には、毎年6月1日に合わせて加賀藩から将軍家へ氷室の氷を献上する慣わしがあり、加賀藩御納戸日記 (1773年) には、蓄えておいた雪氷を用いて「客殿の冷装を行なった」との記述がみえる。また土蔵づくりの氷室が江戸市中にもつくられるようになり、庶民にも夏場の氷が提供されるようになった。なかには単に川水を氷で冷やしただけの「水屋」が登場し、それを飲んだ高齢者が腹をこわしたことから「年よりの冷や水」ということばが生まれた。

ラル類も喪失します。その結果、血液循環が障害され、頭痛・めまい・倦怠・意識喪失・けいれんといった症状を呈し、ついには死にいたる恐ろしいものでした。

日本では古来、日射病のことを、暑気中り《しょきあた》、暍《えつ》病、霍乱《かくらん》、吐瀉《としゃ》病と呼んで恐れていました。

そこで考えだされたのが「うちわ」（団扇）でした。うちわはもともと「打ち羽」で、中国から伝わったものです。この「打ち羽」は『三国志』（魏・呉・蜀の三国の史書）にもでてきます。『レッドクリフ』（「赤壁の戦い」）という映画がありましたが、金城武さん演じる諸葛孔明（蜀の丞相。一八一～二三四）が手にしていた鳥の白い羽根でつくられた扇が、それです。

日本では、奈良時代に貴族のあいだで用いられ、戦国時代には武将がそのシンボルとして、鉄や革

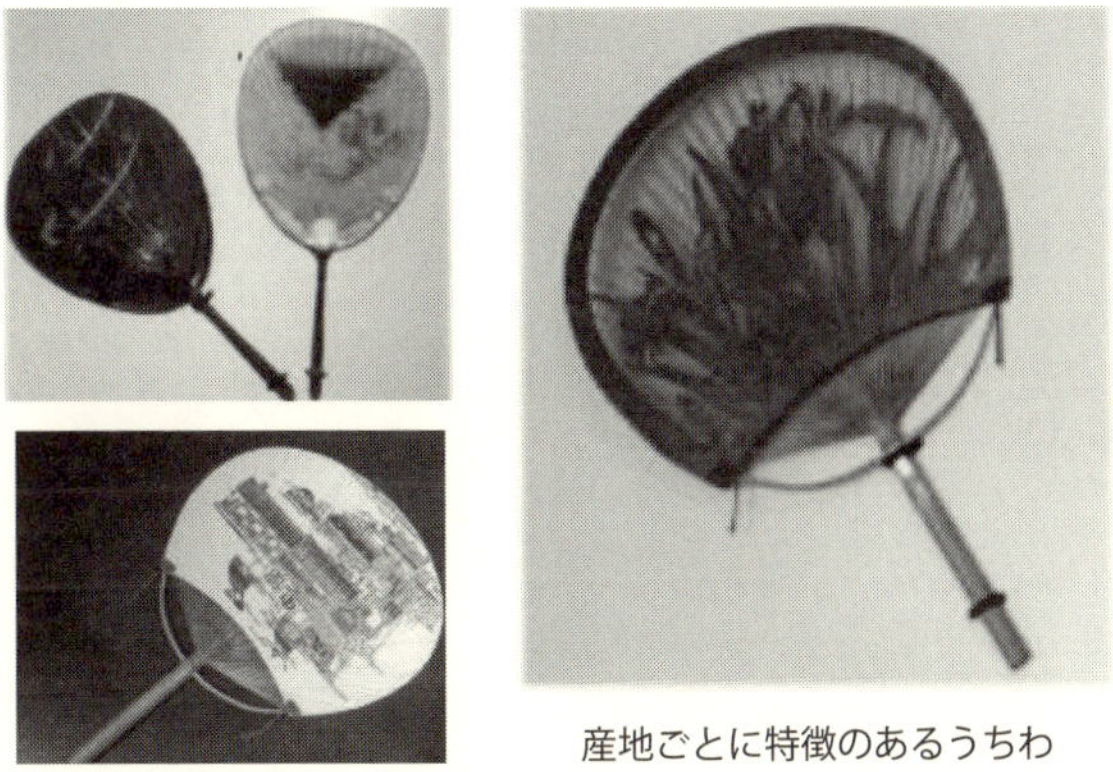

産地ごとに特徴のあるうちわ

でつくられた漆塗《うるし》りの「軍配うちわ」を用いていました。

江戸時代なると竹細工と紙が発達したことから庶民にも広がり、とくに役者絵のうちわが流行しました。うちわは、いまでも夏の風物として使われていることは周知のとおりです。

うちわはその産地により、江戸うちわ、奈良うちわ、深草うちわ、丸亀うちわなどがあり、絹・網代（あじろ）・ビロウ（ヤシの葉）製があり、また絹を張った絹団扇、絵が描かれた絵団扇、渋柿を塗って丈夫にした渋団扇などがあります。


「母親に夏やせかくす団扇《うちわ》かな」（正岡子規）

扇子（せんす）は日本の発明

日本で発明されたのが「扇《おうぎ》」です。扇子（せんす）ともいいますが、涼をとるためのほか、いまでも威儀（礼用）や舞踊の道具としても用いられています。

扇は平安時代の初めに、中国の「うちわ」に対してつくられました。「檜扇《ひおうぎ》」と「蝙蝠扇《かわほり》」とがあり、「蝙蝠」は開いた形がコウモリの羽を広げた形に似ていることからそう呼ばれました。この二つの扇が、それぞれ華美を競い合ったと伝えられています。

室町時代には、たたんだときに先が開く中啓《ちゅうけい》やぼんぼり（末広とも）がつくられ、江戸時代になると、岐阜・京都・丸亀（香川）といった各地で盛んにつくられ、庶民にまで普及しました。

よく、十七〜十八世紀のフランスの絵画に扇子をもった婦人が描かれていますが、それは扇子が平安末期に日本から中国に伝わり、さらにヨーロッパへと広まっていった証左です。当時、フランスを中心にさまざまな材料を用いた、粋をこらした扇子がつくられました。

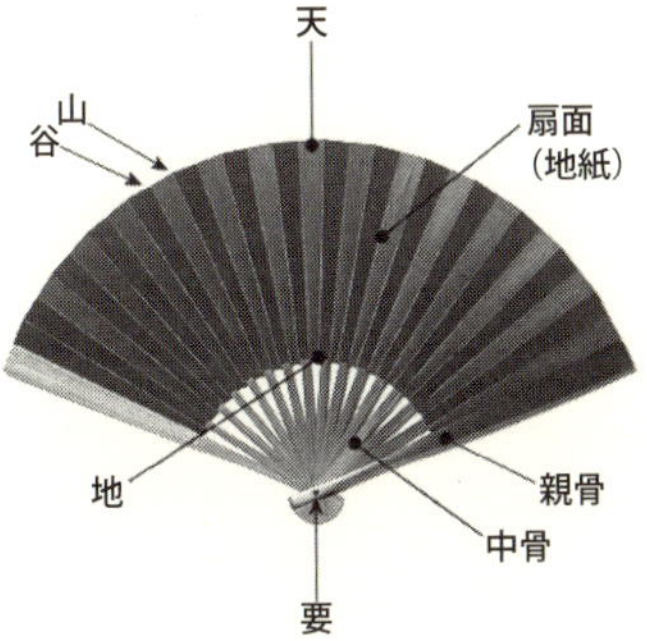

日本で発明された扇子とその構造

なお、骨が紙の中に入った現在の形の扇子は室町時代のなかごろにつくられたものです。

扇風機の登場

人力であおぐわずらわしさから解放したのが「扇風機」の発明でした。まさに「必要は発明の母」です。世界初の扇風機はモーターの発明と期を同じくして、アメリカで発売されました。発明したのは、かの発明王トーマス・エジソン（一八四七〜一九三一）です。ただ、彼は直流タイプに固執したために、すぐに交流タイプにとって代わられたといわれます。

日本で初めて扇風機が発売されたのは一八九四年、ゼネラル・エレクトリック社（GE）の技術提供を受けた芝浦製作所（現東芝）からでした。その後、またたく間に普及し、一般家庭はむろん商店や鉄道車両の客席などいろいろなところで利用され、今日にいたっています。

人類最初の「扇風機」の原型ともいうべき「人工うちわ」はイタリアの巨匠レオナルド・ダ・ヴィンチ（一四五二〜一五一九）によって発明されました。ダ・ヴィンチは『モナ・リザ』や『最後の晩餐』を描いた画家として有名ですが、実際には自然科学にもたいへん興味をもっていました。

人工的に「風」をつくりだすことができれば、空気を強制的に移動させることができます。しかも、空気は流れるときに周辺の温度を吸収します。私たちが風にあたると「涼しい」と感じるのは、空気がからだの表面から熱を奪うからです。

人工的に風をつくることはできないか——。天才の彼はそう考え、水車を動力とするプロペラ型ファン（換気扇）を発明しました。いまでこそ動力は水車から電力へと移っていますが、このダ・ヴィンチの着眼と発想は、いまでも冷房機器の原型であることはたしかです。

日本最初の扇風機

ダ・ヴィンチはいうまでもなく、ルネッサンス最大の芸術家であり科学者です。芸術を科学の基礎に基づかせる努力をもっとも徹底して行なったのがダ・ヴィンチでした。彼の興味は、遠近法、透視法にとどまらず、応用数学、機械学、幾何学、築城学、光学、鋳造学など多岐にわたっていました。

ただ、それはダ・ヴィンチ自身の才能によるものだけではありませんでした。ダ・ヴィンチにもっとも大きな影響を与えたのは「ボッテガ」（「ブディック」は同義語）と呼ばれる、職人の工房でした。ダ・ヴィンチはこのボッテガに十四歳で入っています。

ルネッサンス時代の大きなボッテガは指導的芸術家（あるいは技術者）によって経営されていて、そこには画家・彫刻家・石工・金工・左官・大工・レンガ積み工といった、あらゆる専門家が集まっていました。まさに一大技術者集団であり、そこでは建築や土木の総合的な工事をも引き受けることができました。それは同時に、後進育成のための職業学校でもありました。技術者がもっとも即物的な意味で、自然法則に直面する人間であることを考えれば、ボッテガが科学の温床になったのは当然のことだったでしょう。

ダ・ヴィンチはこういっています。

「まず、科学を研究せよ。しかるのち、科学から生まれた実際問題を追及せよ。科学を知らずに実践にとらわれてしまう人は、ちょうど舵も羅針盤もなしに船に乗り込む水先案内のようなもので、どこへ行くやら絶対に確かではない。つねに実践は正しい理論の上に構築されねばならぬ。理論を述べ、しかるのちに実践を述べることが必要である」——と。

たとえば、ダ・ヴィンチは水流にたいへん興味をもっていました。流れに平行な鉛直面で流れを断ち切ってプロフィールを見せ、底の凹凸がそのまま水面に移され、底と同じ形の凹凸ができることを示すスケッチが残されていますが、これは彼の正確な観察力を示すものです。

また、ダ・ヴィンチは人間の頭髪にも特別の関心をもっていて、水流と頭髪に外観上の相似性のあることを指摘しています。『レダ』にみられる渦《うず》をテーマにして複雑に組まれた髪形の表現のなかに、水流の観察から得た知識と技術を見ることができます。この着眼と発想が、ダ・ヴィンチを科学者であり芸術家たらしめているのです。

技術を芸術につなぐことのできる、知識に惑わされない「プリミティブな眼」をもつこと、「感性」をもつこと、それがいまの私たちにもっとも必要とされていることです。

昨年（二〇一二）は原発事故による「節電」の影響もあって、扇風機がとてもよく売れたということでした。今年、いやこれからも電力不足は続くでしょうから、エネルギーが少なくてすむ扇風機の人気はますます高まるでしょう。そしてこれからも扇風機は進化をつづけ、自然の風により近いものが開発されていくに違いありません。

空調――エアコンの歴史

それは、ひとりのアメリカ人の技術者が「霧」をみたことからはじまりました。その技術者こそ、「空調の父」と呼ばれるエアコンのパイオニア、ウイリス・キャリア（一八七六～一九五〇）です。

一九〇二年のこと、キャリアは霧を見ていて、「空気中の水分を調節できないか」と考え、そして空気中に含まれる水蒸気が結露しはじめるときの温度、すなわち「露点温度」の調節を思いつきます。

それまでも、蒸気機関で発生する廃熱を工場や、列車の客室の室温調整（顕熱の調整）に使おうというアイデアはありました。しかし彼の着眼は、むしろ湿度調整技術（すなわち潜熱の調整）の開発にありました。

「湿度調整」が技術として脚光を浴びたのには、それなりの理由がありました。

それは主に工場で問題にされました。製品によっては品質管理に生産空間の「湿度」が重要な役割を占めるからです。とりわけ、製糸工場や印刷工場での湿度管理は重要なポイントでした。なぜなら空気中の湿度状態によっては糸が切れたり、印刷の色ムラにつながったりしたからです。

一九〇二年七月、ニューヨーク州のバッファローで働いていたころ、ブルックリン区の印刷会社に納入した装置に品質問題が発生しました。その対策としてキャリアが作成したのが湿度制御の設計図でした。これが空気湿度調整法の基礎となり、のちに世界初のエア・コンディショナーと呼ばれることになったのです。

さらに数年間、キャリアーは改良と実地試験を重ね、一九〇六年、世界初の「噴霧式空調装置」を完成させます。彼はこれを『Apparatus for Treating Air』――「空気を取り扱う装置」と呼び、水を加熱したり冷却したりすることで「加湿」と「除湿」ができるよう設計されていました。

一九一一年、キャリアは、アメリカ機械工学会の年次会合で「空気調和」におけるもっとも重要で、かつ画期的な論文（『Rational Psychrometric Formulae』）を発表します。この論文は、相対湿度・絶対湿度・露点温度の三つの概念を互いに結びつけたもので、与えられた条件に合うように空調装置を設計することを可能にするものでした。

ウイリス・キャリア
Willis Carrier。1876 〜 1950
アメリカの技術者・発明家。近代空気調和設備（エア・コンディショナー）の父といわれる。ニューヨーク州アンゴラに生まれる。時計やミシンなどの修理を趣味としていた。数学が得意で、1895 年にコーネル大学に進み、1901 年に機械工学の学士号を得て卒業。その後、ヒーター、ブロワー（送風機）、換気システムなどをつくる会社に入社し、ヒーター部門で材木やコーヒー豆を乾燥させるヒーターシステムの設計に従事した。1902 年、湿度制御の設計図を作成。1906 年、「噴霧式空調装置」を完成。また露点温度と湿度に比例関係があることを発見。この発見に基づき新たに自動制御システムを設計、「露点制御」の発明者となる。1930 年、日本に「東洋キャリア工業会社」を設立。朝鮮半島に工場をもち、いまでも韓国はエアコンの世界的な生産地となっている。

日本におけるエアコンの発展

日本において最初に冷房を使ったのは久原房之助《くはらふさのすけ》（一八六九〜一九六五）だったといわれます。この人は山口・萩の生まれで、慶応義塾を出て久原鉱業を創立し、日立製作所の基礎を築いた人（のち政界に入る）ですが、この久原房之助が、一九一七年、神戸の私邸に炭酸ガス圧縮機を取り付け、室内を冷やしたことに始まります。

慶応義塾といえば、塾長は福沢諭吉ですが、その福沢が一八七〇年の夏、発疹チフスにかかりました。高熱で床に伏していたとき、治療のために塾生に乞われて氷をつくったのが宇都宮三郎（東大教授。一八三四〜一九〇二。日本近代化学の父と称される）です。これは宇都宮が実験室用の冷凍機（アンモニア吸収式）でつくったものとされ、日本最初の機械による製氷でもありました。

一九三二年には、朝日新聞社・社主の村山邸（兵庫県）にアンモニア冷凍機による日本初となるヒートポンプ式冷暖房設備がつくられ、次いで一九三七年、同じくヒートポンプ式による全館冷暖房装置が京都電燈本社（現・関西電力京都支店）に設置されています。敗戦により、このビルはＧＨＱによって接収されますが、この高度で緻密な冷暖房システムはアメリカ軍の技術者に驚きをもって迎えられ、本国の専門誌にレポートしたほどだったといわれます。
戦前、中国・大連とハルビンを結ぶ「南満州鉄道」（一九三四〜一九四三年）がありました。そこには特急「あじあ号」という蒸気機関車（最高時速一三〇キロ）が走っていました。流線型をした機関車と豪華客車で構成され、そのほとんどすべてが日本の技術でつくられたもので、そのなかでも特筆すべきは、手荷物郵便車を除くすべての車両に「冷房装置」を完備していたことです。真夏は三〇℃以上、冬は零下四〇℃という苛酷な気象条件と、砂塵の吹く満州の荒野を走るため、窓はすべて密閉式の二重ガラスになっていました。設置された冷房装置は現在のような冷媒を圧縮して冷却する方法ではなく、機関車から送られた高圧・高熱の蒸気を用いる吸収式冷却方法が採用されていました。これは満州鉄道（通称「満鉄」）がアメリカのキャリア社から冷房装置を一台購入して、それをコピーしたものだったといわれ、初めての試みで故障も多かったともいわれます。

日本の技術の粋を集めた「あじあ号」

また、冷房装置は「戦艦大和」「戦艦武蔵」にも搭載されていました。主に弾薬の性能維持と誘爆を防ぐ

「伊175号」潜水艦

ため（弾薬は二〇℃に保つのがもっとも性能が良いとされていた）と、艦内の食料用冷凍冷蔵庫や居室の冷房に利用されていたことから、「大和ホテル」とも呼ばれたそうです。

また、冷房装置は潜水艦（イ号）にも装備されていました。当時において潜水艦に冷房装置を装備することは画期的なことで、これにより南太平洋での長期作戦行動を可能にしたともいわれています。

これは、当時、軍医中尉として「伊一七五潜水艦（一四〇〇トン）」に乗り込み、アメリカの護衛空母『リスカム・ベイ』を撃沈した経験をもつ永井友二郎先生から直接うかがった話です（永井友二郎著『人間の医学への道』、人間と歴史社、二〇〇四）。ついでにいうと、潜水艦のなかで生野菜の代用として「モヤシ」をつくっていたそうです。

戦後しばらくたって、一九五〇年代にウィンド型クーラーが輸入され、一九六七年（昭和四十二）ごろから本格的に普及し、今日にいたっていることはすでに述べたとおりです。

第3章　遠赤外線の科学

赤外線と電磁波

自然の本質は何か――

私たちは、自然のなかに生き、自然と共に暮らしてきました。一瞬としてとどまることを知らないこの自然の姿に、私たちは歴々として畏怖と感謝の気持ちをいだいてきました。

しかし、なかにはこの自然現象の不思議さに思いをはせ、心を通わせることができた人々がいました。彼らは地平の彼方から昇りくる太陽に呼びかけ、夜空に照らす月に、雲が流れる空に呼びかけた。そして、自然現象そのものにも呼びかけました。

「自然を構成しているものは何か」

「自然を支配しているものは何か」

――と。彼らは思惟し、自分自身の経験になぞらえて、もろもろの自然現象を説明しようと試みました。この混沌とした、自然現象の背後にある真理を探求しようとしたのです。

それは同時に、自然哲学の誕生でもありました。

そして彼らは、自然界が「地・水・火・風」という四つの元素によって構成されていると考え、われわれの経験するいっさいのものは、この四元素から成ると考えました。およそ二五〇〇年前のことです。

共時性ともいえるこの考え方は、ギリシャ、インド、中国にほぼ同時代に現れました。

ギリシャでは初め、ミレトス学派と呼ばれる人びとによって、自然の「根源的な元素は何か」が議論されていました。アナクシメネス（前五八五頃〜五二八頃）は「空気」が根源的な元素であると考え、ヘラクレイトス（前五三五頃〜四七五頃）は「火」が根源的な元素であると考えました。ヘラクレイトスは、火は「原素」（いまの元素とは別の意味）であり、それが変成した万物は流転すると説きました。

「火は土の死を生き、空気は火の死を生き、水は空気の死を生き、土は水の死を生きる」

火を水で消すと、火は土にかわるが、水の一部分は天に昇り、一部分は土に変わる。土からはふたたび水がつくられ、水からは火がつくられる――。彼はこのように、万物は永遠に輪廻する、と考えました。いまでいえば「エネルギー保存の法則」のようなもので、あらゆるものは姿を変えるだけで、本質は変わらないという論理です。

エンペドクレス（前四九〇頃〜四三〇頃）は『自然について』のなかで、次のように述べています。

「まずは聞け、万物の四つの根を。輝けるゼウス（火）、生命はぐくむヘラ（大気）、またアイドネウス（大地）、そして死すべきひとの子らのもととなる泉を、その涙によってうるおすネスティス（水）」

ここでは万物の四つの根が神々にたとえられていますが、彼は、万物は土、空気、火、水の四原素の混合から成り、愛と憎との相反する力によって結合・分離すると考えました。

このエンペドクレスによって結論づけられた「自然は四元素から成る」という説は、その後プラトン（前四二七〜三四七）、アリストテレス（前三八四〜三二二）らによって採用され、広く知られていくことになります。この見解は数世紀にわたって続きました。

「万物は土より出でて、土に還る」といって、「土」を根源的な元素と考えたのが、クセノパネス（前五六〇頃〜四七〇頃）でした。

一方、同じミトレスのターレス（前六二四頃〜五四六頃）は、万物の根源（アルケー）は「水だ！」と主張しました。アリストテレスは、彼の考えを次のように証言しています。

「かれ（ターレス）がこう判断したのは、おそらくは、万物の養分には水気があり、熱そのものさえこれから生じ、これによって活きつづけるのを見てであろう。……万物の種子（精子）が自然本性上水気をもっている、という理由からも、こう判断したのであろう」

――と。

同じころ、インドのヴェーダ、ウパニシャッドの哲人たちもまた、「火・空気・風・水」のいずれかが根源的な元素と考えていました。しかし、おどろくことに、彼らはこの四元素のほかに「第五の自然力」があると考えていたことです。それがいわゆる「空（くう）」という概念です。彼らは自然を見、空を見て、何もない空に空虚な「から」を抽象し、そこから万物の根底としての「くう」を哲学化していったのでした。

中国では「陰陽五行説」をもって、いっさいの万物は陰と陽の二気によって生じ、五行中、木と火は陽に、金と水は陰に属し、土はその中間にあるとし、これらの消長によって天地の変異、災害、人事の吉凶を説明しようとしました。中国最古の経典『書経』には、「五行とは、第一は水、第二は火、第三は木、第四は金、第五は土のことである。水は低地を潤し、火は炎上し、木は曲直し、金は変形に従い、土は耕作する」とあります。

光の不思議と向き合う

光についても、当然のことながら、彼ら自然哲学者たちは大きな関心をもっていました。古代ギリシャでは「光の伝播」（いまでいえば波動が広がっていく様）について深い関心をもっていましたし、古代中国では「影がどうしてできるのか」（影の形成）という現象に深く悩んでいました。影とは、光によってその物のほかにできる、その物の姿です。それを見た中国の哲学者たちは、その姿が真実なのか、それとも偽物なのか、大いに頭を悩ませました。彼らはまた、鏡（平面鏡。反射面が平面の鏡のこと）に映る自分の姿にも同じような悩みを抱きました。なぜなら、そこに映し出される像（姿）は実物とは異なった、いわゆる鏡像《きょうぞう》の関係にあって、大きさは等しいけれども左右の関係が逆転しているからです。この真偽について彼らは大いに悩みました。また、小さな孔《あな》（小孔）を光が通過するときに現れる倒立像、つまり逆さまに見える現象をどう解釈するか、それについても頭を悩ませていました。

何よりも彼らが悩んだのは、光にあたるとなぜ暖かくなるのか、光に熱はあるのかという、光と熱についての根本的な問題でした。同時に、そもそも光が何かにあたるという現象は目にすることができ、雲の間から光がさすのは見えても、光そのものに触わることはできない。そんな光に実体はあるのだろうかという問題でもありました。

目に見えない光の正体をつきとめる

光の成分を分析することにはじめて成功したのが、イギリスの天文学者アイザック・

ニュートン（一六四二～一七二七）です。一六六六年、彼はガラス製のプリズムをつくり、太陽の光を分光して七色の虹をつくることに成功します。これは可視光線のスペクトルを発見した最初のできごとでした。しかし、この当時の装置では七色の光の外側にも光の成分が存在することは発見できませんでした。

その存在を実証したのが、フレデリック・ウイリアム・ハーシェル（一七三八～一八二二）という天文学者でした。ハーシェルといっても知らない人もいるかもしれませんが、「天王星」の発見者だといえば合点がいくかも知れません。

ハーシェルはまた、レンズやプリズムの研究も行なっていました。その研究の過程で、プリズムによって生ずる「太陽スペクトル」から、「虹」によってできる各色がその色によって加熱作用が異なることに気づきます。彼はこの現象をより詳しく調べ、各色の加熱作用が青側より赤側のほうが大きく、しかももっとも加熱される部分は赤の領域の外にあることを発見し、これを「目に見えない光線がそこを照らしているもの」と結論づけました。

こうして一八〇〇年、これらの研究をまとめ、「物体を照明し、加熱するスペクトルの各色の作用」（『Investigation of the powers of the Prismatic colours to heat and illuminate objects.etc.』）として論文を発表します。

こうして、ようやく「目に見えない光の正体」はつきとめられ、「赤外線」と名付けられました。

余談ですが、文献を調べている途中、ハーシェルのこの論文の初版本が日本の大学（金沢工業大学ライブラリーセンター）に所蔵されていることを知り、おどろきました。これまで遠赤外線に関する資料・文献には目を通してきたつもりですが、そこには「赤外線は一八〇〇年、ハーシェルによって発見された」とあるだけで、ましてや論文の初版本が日本にあることなどまったく聞いたこともありませんでした。そこで、「せめて、論文の表紙と実験装置の写真だけでも今回の本に収録して、みなさんにも見ていただきたい」と思い、さっそく所蔵先である金沢工業大学ライブラリーセンターに電話をしてその旨をお話し、収録のお願いをしたところ、「出典の明記と献本」を条件に収録の許可をいただきました。金沢工業大学ライブラリーセンターのご厚意に紙上をもって感謝いたします。

温度計は赤色の端で最大となった

ハーシェルは、光と熱の関係を調べるため、熱を測定する温度計で光のスペクトルを研究することを思いつきました。

太陽の光をガラスのプリズムを通して、紫・青・緑・黄緑・黄・橙《だいだい》・赤の各色に光を分

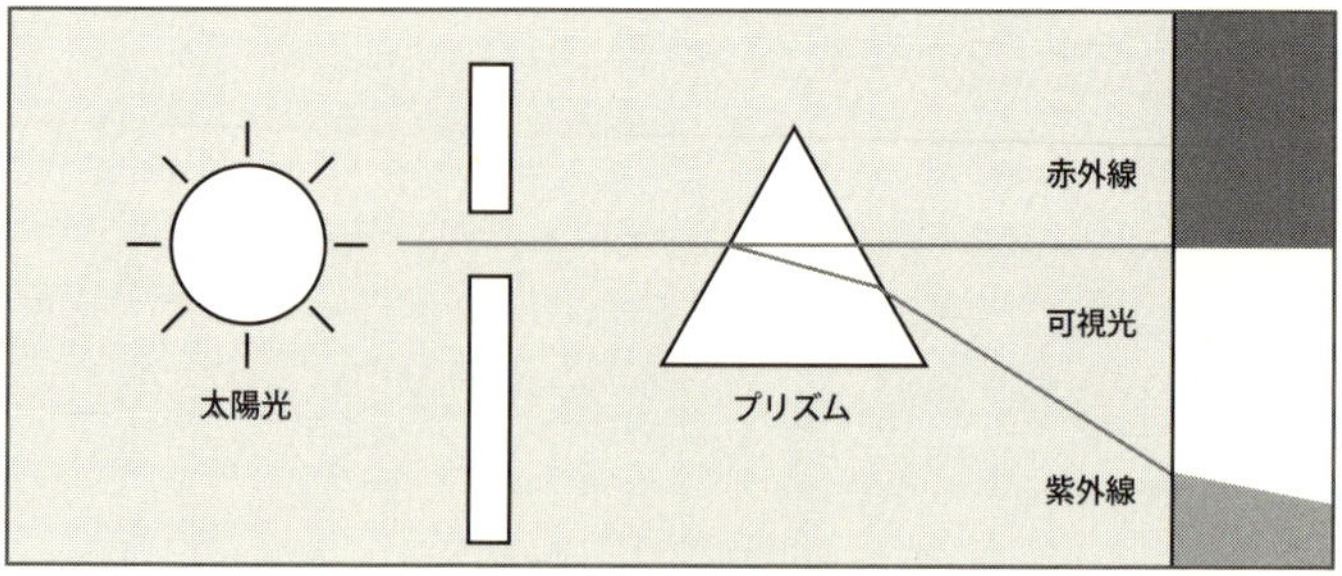

図 3-1　赤外線の発見

光させ（いわゆる「虹」をつくって）、そのスペクトルのさまざまな場所に温度計を置いて、どの色がもっとも温度が高くなるかを測定しました（**図3－1**）。

ハーシェルは初め、スペクトルの真ん中の温度がいちばん高く、端《はし》にいくほど下がると予想していました。しかし彼の予想はみごとに外れ、温度は〈紫〉から離れるほどに着実に上がり、〈赤〉の端で最大となったのです。

そこで、今度は温度計を〈赤〉の先に置いたら「何が起こるだろうか」と考え、それを実行に移します。すると、そこにはさらに驚くべき結果が待っていました。そこでは、目に見えるスペクトルのどこよりも温度が高くなっていたのです。

こうしてハーシェルはついに、可視光線よりも強い熱作用をもつ波長、「赤外線」を発見したのでした。彼は紅潮した顔で、自分が「熱波」を検出したのだと考えました。

こうして、私たちの網膜には映らない、もっと長い波長

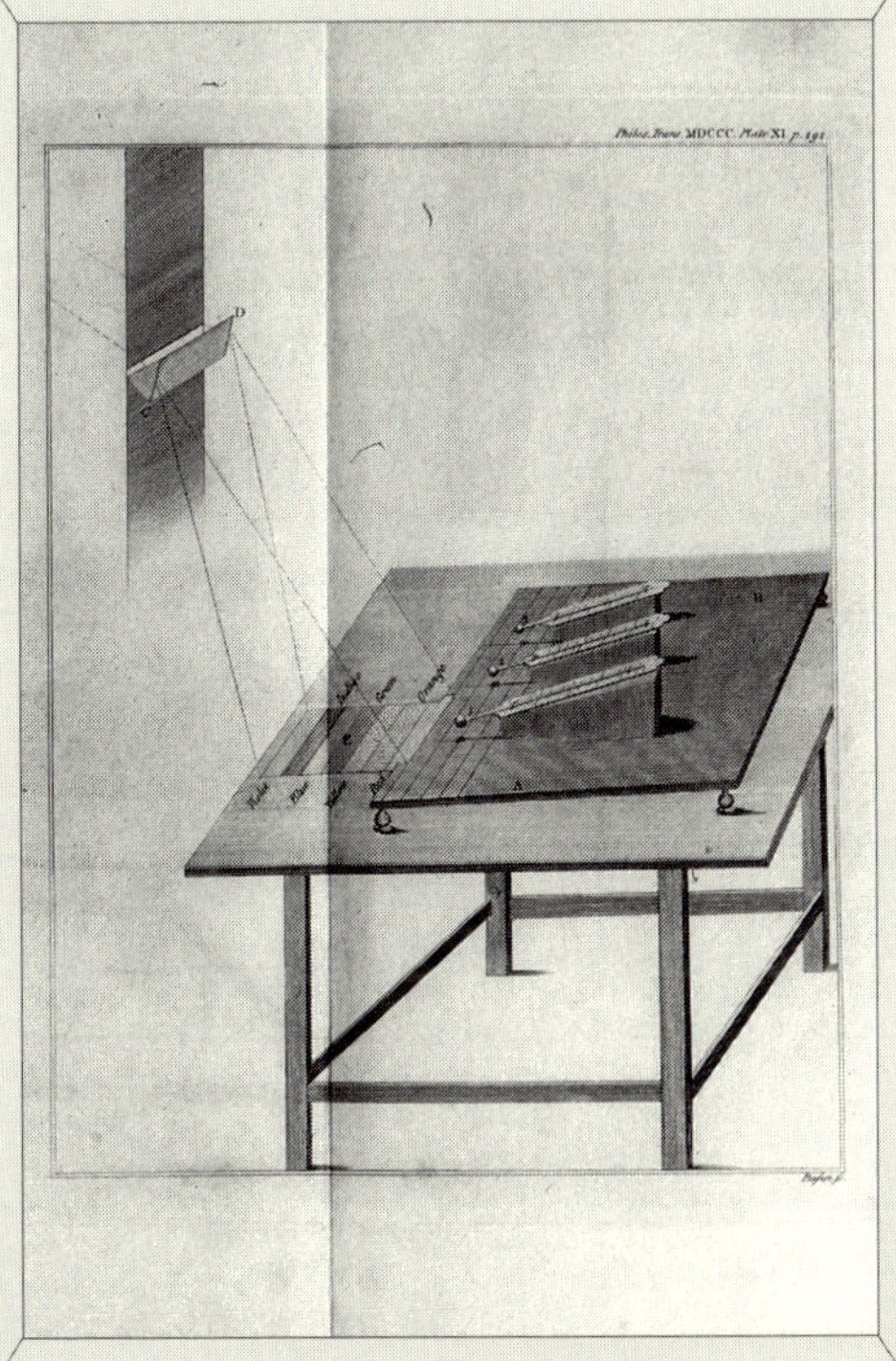

ハーシェルのプリズム分光実験装置
出典：「物体を照明し、加熱するスペクトルの各色の作用」『Investigation of the powers of the prismatic colours to heat and illuminate objects,etc. London, 1800, First separate edition.』
金沢工業大学ライブラリーセンター所蔵

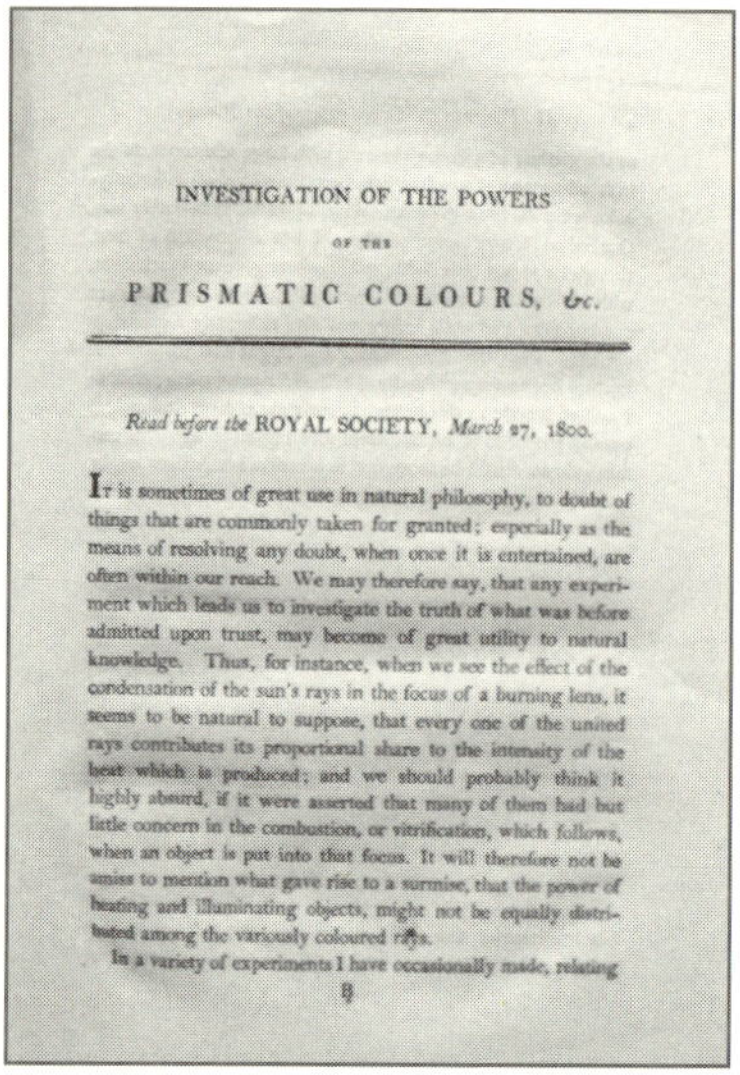

INVESTIGATION OF THE POWERS

OF THE

PRISMATIC COLOURS, &c.

Read before the ROYAL SOCIETY, *March* 27, 1800.

It is sometimes of great use in natural philosophy, to doubt of things that are commonly taken for granted; especially as the means of resolving any doubt, when once it is entertained, are often within our reach. We may therefore say, that any experiment which leads us to investigate the truth of what was before admitted upon trust, may become of great utility to natural knowledge. Thus, for instance, when we see the effect of the condensation of the sun's rays in the focus of a burning lens, it seems to be natural to suppose, that every one of the united rays contributes its proportional share to the intensity of the heat which is produced; and we should probably think it highly absurd, if it were asserted that many of them had but little concern in the combustion, or vitrification, which follows, when an object is put into that focus. It will therefore not be amiss to mention what gave rise to a surmise, that the power of heating and illuminating objects, might not be equally distributed among the variously coloured rays.

In a variety of experiments I have occasionally made, relating

B

ハーシェル：「物体を照明し、加熱するスペクトルの各色の作用」初版本の1頁
金沢工業大学ライブラリーセンター所蔵

フレデリック・ウィリアム・ハーシェル。Frederick William Herschel。1738～1822。ドイツ生まれ。イギリスの天文学者。大型反射望遠鏡を作り、妹とともに観測。1781年に天王星を、次いで土星・天王星の衛星をそれぞれ2個発見したほか、2500の星雲、800の二重星、太陽系の空間運動を発見した。1800年、赤外線を発見。ハノーファー候国の近衛連隊音楽隊のオーボエ奏者として活躍。1757年、「七年戦争」（1756～1763。イギリスの財政支援を受けるプロイセンとオーストリア・ロシア・フランスおよびその同盟国との間に行なわれた戦争）を嫌い、イギリスに移住。1767年、温泉地のバス教会のオルガン奏者に任命。1772年、妹のカロリーネを呼び寄せる。1774年以降組織的に天体を観測。1781年、「天王星」を発見。この発見が一躍彼を有名にし、ジョージ3世により国王付の天文学者となる。光学器械製作者としても活躍し、レンズやプリズムの機能改善の研究（色収差の問題など）からプリズムによって生ずる「太陽スペクトル」に関心を持ち、赤外線を発見。スペクトル分析に道を開き、ウラストンやトールボットと共に白熱した物質は特定のスペクトル線を出すことを発見、スペクトル線から特定物質の存在を結論することができることを明らかにした。この研究はのちにフラウンホーファーをへて、キルヒホフ、ブンゼンなどによって進められ、スペクトル分析が確立された。息子・ジョン・ハーシェルは写真を初めて天文観測に応用するなど優秀な天文学者となった。画像：www.sciencephoto.com より

があることが、ハーシェルの実験によって明らかにされたのです。そしてそれは、スペクトルの「赤の端の先」で発見されたことから、「赤外線」（インフラレッド）と名付けられることになったのです。インフラレッドの「インフラ」とは「下」という意味で、ラテン語からきたものです。というのは、光のスペクトルは紫を上にすると赤が一番下になるからです。

もう一つの光――紫外線の発見

では、もう一方の端（紫）はどうでしょう。一八世紀の初頭にはすでに、スウェーデンの化学者カール・シェーレ（一七四二～一七八六）によって、塩化銀（AgCl）に太陽光線を照射すると「黒化」するということがわかっていました。また、イギリスの化学者ウィリアム・ウォラストン（一七六六～一八二八）によっても、写真乾板中の塩化銀が紫色の外側で黒化することがわかっていましたが、それが紫外線によるものだという確証はありませんでした。

紫外線の存在を実証したのが、ドイツの化学者ヨハン・リッター（一七七六～一八一〇）でした。赤外線の発見から一年後の一八〇一年、ハーシェルの赤外線の発見に刺激を受けたリッターは、「きっと可視光の反対側にも見えない光があるに違いない」と考え、紙片を塩化銀（AgCl）の溶液に浸して、実験をくり返していました。

すると彼の予想どおり、紫の光の先に紙片を置いてみると、紫の光よりももっと先でさらに早く黒く（黒化作用）なったのです。こうして彼は、太陽の光の中に、私たちの網膜には映らないもうひとつの光、「紫外線」のあることを発見したのでした。そしてこの光は紫より先にあることから、「ウルトラ・ヴァイオレット」と名付けられました。「ウルトラ」とはラテン語の「先」という意味で、「紫の先にある光」ということになります。

こうして、期せずしてほぼ同時に、可視光線の両端に「赤外線」と「紫外線」という見えない光があることが発見されることとなったのです。この見えない光は、のちに可視光線と同じ性質をもつ「光波」であることが、一八三五年、フランスの物理学者アンドレ＝マリ・アンペール（一七七五～一八三六）によって確かめられました。

赤外線の研究は受け継がれていった

赤外線の研究は受け継がれ、イタリアでも続けられていました。その中心となったのが、物理学者であるマセドニオ・メローニ（一七九八～一八五四）とレオポルト・ノビーリ

（一七八四～一八三五。一八三一年電流計を発明）です。一八五〇年、彼らは熱電対《ねつでんつい》や電流計を使って、熱の放射が光と同じ性質、つまり屈折・反射・偏光といった性質をもっていることを発見しました。

これより少し前の一八二一年、ドイツの物理学者トーマス・ゼーベック（一七七〇～一八三一）は熱電気現象を研究していました。彼は、二種類の金属（導体）を両端でつないで回路をつくり、二つの接点を違った温度に保つと回路に起電力（熱起電力）が生じ、電流（熱電流）が流れるという現象を発見しています。これがいわゆる「ゼーベック効果」と呼ばれるもので、この古典的な発見が、いま発電の一つの方法として注目を集めているのは興味ぶかいことです。

赤外線に関する法則の発見

近代科学というのはおもしろいもので、一つの法則が発見されると、それと呼吸を合わせるかのように次々と新たな発見がなされていきます。赤外線（熱放射）に関する重要な法則も、およそ一九〇〇年を前後に、さまざま重要な発見がなされました。

一八五九年に、ドイツの物理学者グスタフ・キルヒホフ（一八二四～一八八七）によって、

「一定の温度で、熱平衡にある物体が電磁波を放射する強度と吸収する強度との比は温度と波長だけで決まり、物質の種類には無関係である」という、「キルヒホフの法則」が発見され、同時に彼は「あらゆる波長の電磁波エネルギーを完全に吸収してしまう物体を黒体と呼ぶ」という「黒体」という概念を導入しました。

また、一八七九年と一八八四年に、オーストリアの物理学者ヨーゼフ・シュテファン（一八三五～一八九三）とルードヴィッヒ・ボルツマン（一八四四～一九〇六）によって、「黒体が放射する全エネルギーは、その黒体の絶対温度の四乗に比例する」という、「シュテファン・ボルツマンの法則」が発見されています。

さらに一八九三年、ドイツの物理学者ヴィルヘルム・ヴィーン（一八六四～一九二八）によって、「黒体からの熱放射のうち、最大強度の得られる波長（λmax）は絶対温度Tに反比例する」――すなわち、物体の温度が上がれば、そこから放射される熱放射のピーク波長がしだいに短くなるという、「ウィーンの変位則」が発見されました。

一九〇〇年には、ドイツの理論物理学者マックス・プランク（一八五八～一九四七）によって、「絶対温度Tの黒体から放射される光（電磁波）のエネルギー分布（分光放射発散度）はプランクの放射式により、波長基準または波数基準のいずれかで与えられる」という法則が発見されています。

こうした先人の研究とさまざまな発見によって、今日の赤外線の基礎が築かれてきたといっていいでしょう。

電磁波の存在を実証したヘルツ

いまでこそ「遠赤外線は電磁波の一つである」ということは常識になっていますが、その「電磁波」の存在を予言した人がいました。それが「マクスウェルの方程式」（電磁場の運動法則を規定する方程式）で知られるイギリスの物理学者ジェームス・クラーク・マクスウェル（一八三一～一八七九）です。一八六四年、マクスウェルはマイケル・ファラデー（一七九一～一八六七）の「場」の考えを数式化し、光が電磁波であることを予言しました。

そして、このマクスウェルの予言を実証したのが、ドイツの物理学者ハインリッヒ・ルドルフ・ヘルツ（一八五七～一八九四）です。それは一八八七年、「電気火花」の実験によって確かめられました。

方法は、わずかな間隙を隔てた二つの球状電極の間に高い交流電圧を加え、火花を飛ばせて電磁波をつくり、これを小間隙をもつ針金の輪に受け、共鳴振動電流により、火花を飛ばせて検出するというものでした。

ヘルツ（1857 ～ 1894）とヘルツの使った実験装置

ヘルツは、発信装置から一二メートルの位置に亜鉛の反射板を置き、その間のさまざまな位置に受信装置を置いて、振幅や波動の方向を観測しました。その結果、電磁波の速度は光速に等しいという結論に達します。

この実験によって、彼は初めて電磁波の存在を確かめ、光がこれと同性質のものであるというマクスウェルの予言を実証したのでした。彼はのちに、

「それは何の役にも立っていない。たんにマクスウェル先生が正しかったことを証明しただけの実験だ。われわれの肉眼では見えない不思議な電磁波は確かに存在する。しかし、たんに存在するだけだ」

と述べていますが、この実験によって電磁波が空間を伝播することが証明されたことから、のちに無線の発明の基礎となりました。

こうしてヘルツのこの実験によって、電磁波の存在が確かめられ、光が電磁波と同じ性質、すなわち、直進・屈折・反射・偏り（偏光）といった性質をもっていることが明らかとなったのです。

その後、一八九五年、ドイツの物理学者ヴィルヘルム・コンラート・レントゲン（一八四五〜一九二三）が陰極線を研究中、黒い紙や木片など、不透明体を透過する未知の放射線、すなわち「X線」を発見します。

次いで、一九〇〇年、フランスの物理・科学者ポール・ヴィラール（一八六〇～一九三四）が、透過性が高く、電荷を持たない放射線を発見し、一九〇三年にイギリスの物理・科学者アーネスト・ラザファオード（一八七一～一九三七）がこの放射線を「ガンマ線」と命名しました。

かくして、一連の電磁波のスペクトルが解明され、いま私たちが目にする「電磁波スペクトル」として完成したのです。

電磁波の性質

電磁波とは「振動する電界と磁界が、交互に垂直に交叉しながら、一定の方向に進行するエネルギー」のことです。その様子を示したのが**図3―2**です。その速度は、毎秒、三〇万キロメートル。およそ一秒間に地球を二三・五周することのできる、ものすごいスピードです。

電磁波の性質には次のようなものがあります。

①光速度で伝わる、②その進み方は直進である、③反射する、④屈折する、⑤干渉する、⑥回折する、⑦偏光する、⑧吸収する、⑨散乱する、⑩透過する、⑪浸透する。

こうした電磁波の性質のうち、①から④は光学的現象、⑤から⑦は波動的現象、⑧から

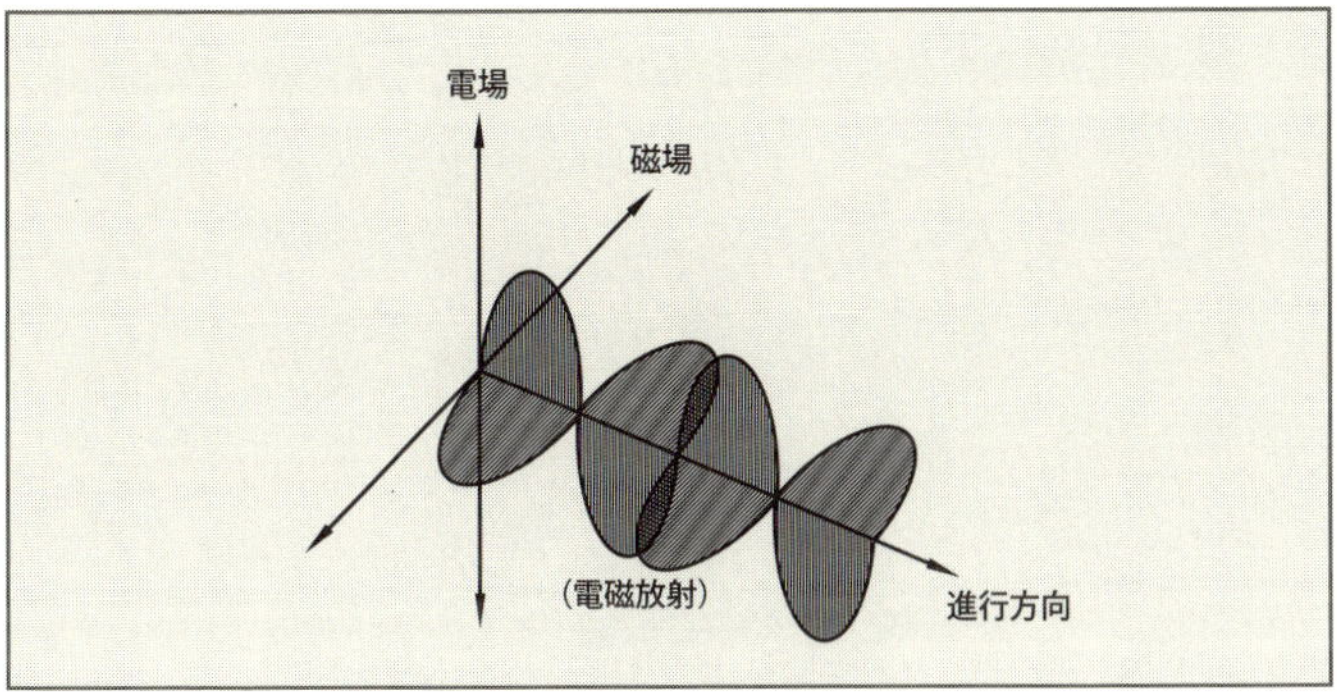

図 3-2　電磁波の進み方

⑪は物質との作用です。**図３－３**は物質中における電磁波の進行する様子を示したものです。それでは電磁波のもつ、これらの性質についてもう少し説明していきましょう。

「反射」とは、光がある媒質物質から別の媒質中へ進むとき、境界面に当たって進行方向を変え、もとの媒質の中を新しい方向へ進む現象のことです。

「屈折」とは、光がある媒質から別の媒質中へ進むとき、境界面で進行方向が変わる現象をいいます。

「干渉」とは、光に特有な現象で、二つ以上の同一種類の波動が同一点に会したとき、その点において起こる相互作用のことです。波動が同位相では互いに強め合い、反対の位相では互いに弱め合うという性質を示します。

「回折」とは、光が障害物の端を通過して伝わるときに、その後方の影の部分に侵入する現象をいいま

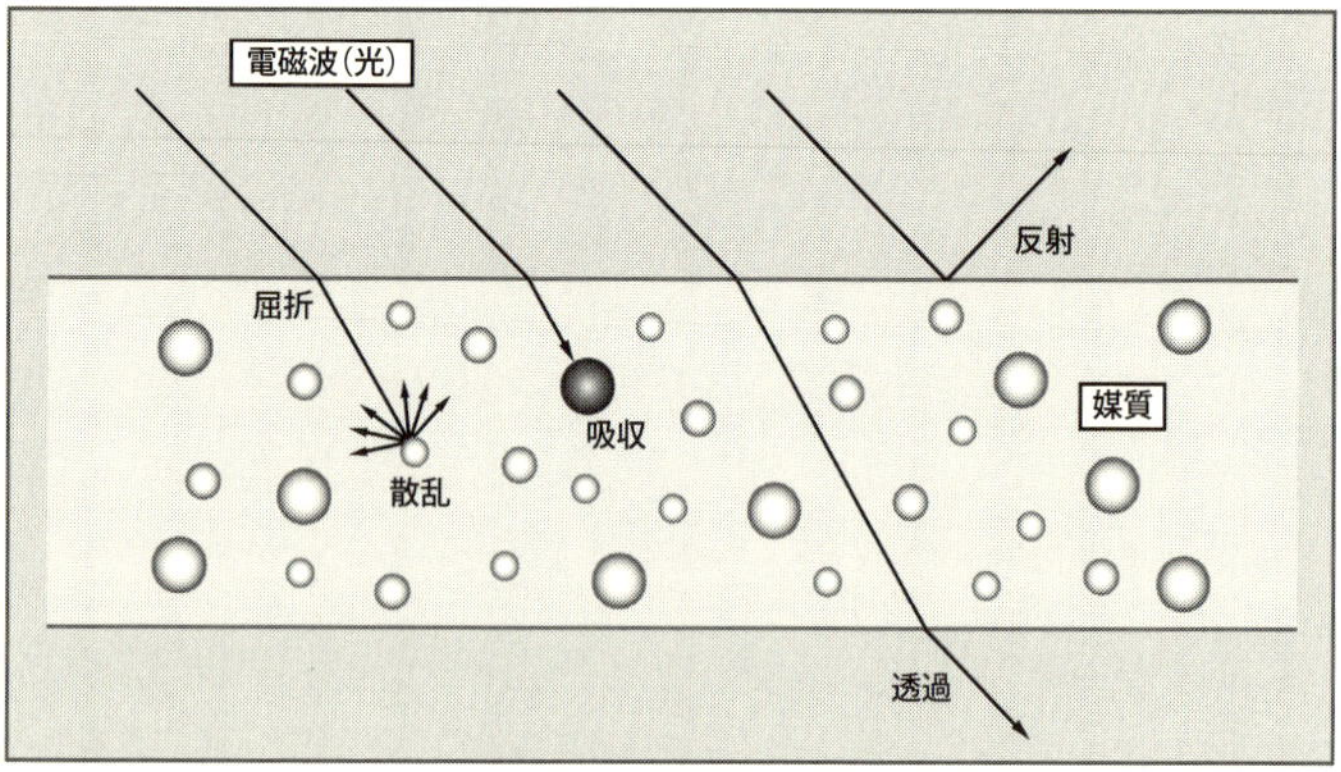

図 3-3　電磁波の性質

す。

「**偏光**」とは、特定の方向だけに波打っている光の現象です。光は電磁波の一種であって、その電場の振動面は光の進行方向に垂直で、また磁場の振動面はこの両者に垂直ですが、その振動方向の分布が一様でない光を偏光といいます。いろいろな振動面をもつ光波が無秩序に集まっているものを自然光といいますが、自然光が反射や屈折によってある特定の振動面をもった光がそれ以外の振動面をもつ光より強くなった状態が偏光です。

「**吸収**」とは、光が媒質中を通過するとき、放射エネルギーの一部または全部が別のエネルギー（たとえば振動、熱）などに変換される現象のことをいいます。

「**散乱**」とは光が他の粒子によってその方向を変え、散らばっていく現象のことです。

「透過」とは、光が物質の内部を通り過ぎることで、光が波長または振動数を変えずに媒質中を通過する現象のことをいいます。

「浸透」とは、光が媒質内部を透過して、直接内部まで到達する現象をいいます。

電磁波が物体にあたると、「エネルギー保存の法則」によって、必ず「反射」するか、「透過」するか「吸収」されるか、あるいは「屈折」するか「散乱」するといった、いずれかの現象を示します。

たとえば、可視光線が「反射」すれば物の形や色が見えます。都会の汚れたビルも、雪に覆われた美しい白川郷の合掌づくりの家も、東北地方に残る「曲屋《まがりや》」の民家も、沖縄の独特の赤瓦の屋根も、白い漆喰の壁も……。目を転ずれば、移り行く季節の風景も、紅葉する山の景色も、棚田の美しい風景も、川面に映るキラキラしたさざ波も、すべて光がおりなす反射の芸術です。植物が緑に見えるのは、緑色の光だけが反射されて、ほかの光はすべて吸収されているからです。もし、植物がすべての光を吸収すれば黒色に見えるはずです。

またX線が「透過」すれば、人体内部の様子を見ることができます。ガンマ線もX線同様、きわめて強い透過力をもっていることから医療（ガンの治療）などに用いられています。

赤外線が「吸収」されれば、すばやく「熱」に変換されて、対象物体を温めることができます。

紫外線は光子（フォトン）エネルギーが大きいことから、別名「化学線」とも呼ばれ、「吸収」されると大きな化学的・生理的作用を起こします。二五四nm（ナノメートル）付近の波長がもっとも殺菌作用が強く、布団の天日干しでダニを殺すのもこの波長域です。二九〇～三一〇nmの紫外線はビタミンDの生成や生物学的効果が大きく、日光浴で皮膚が焼けるのもこの付近の波長です。一方、人類は化学線の性質を利用して毒ガスをもつくり上げました。第一次世界大戦で使われた「フォスゲン」といわれる毒ガスは、一酸化炭素と塩素の混合物に紫外線をあててつくられたものです。

マイクロ波を利用した代表格に「電子レンジ」があります。電子レンジはマイクロ波を食品にあて、水の分子を振動させることによって加熱することができる仕組みです。

電波は電磁波のなかでも波長がもっとも長く、進行方向に多少の障害物があっても進行することができることから、その性質を利用して、テレビやラジオ、それに携帯電話などの長距離の通信として利用されています。またレーダーは、電波の「反射」を利用して遠くの飛行機や船の位置を探ることができます。

このように、私たちは電磁波の性質を利用して、さまざまなかたちで生活に役立てているのです。

ソーラーシステムも電磁波の性質を利用

いま、エネルギーの問題でもっとも注目されているのが「ソーラーシステム」（太陽光集熱システム）です。

電磁波は、前述したように、光速度・直進性・反射・屈折・干渉・回折・偏光といった光学的性質をもっていますから、その性質を駆使すればさまざまな利用が可能です。たとえば、光速度・直進性・反射の性質を利用すれば、反射板を使用することによって、その伝達方向を変えることもできます。

たとえば、アメリカ・カリフォルニア州にある「ヘリオスタット」と呼ばれるタワー式発電システムでは、平面鏡装置を使って中央の集光器に太陽光を集め、その熱によって発電（一〇メガワット）を行なっています。

このような小規模の発電システムを利用すれば、地域レベルの発電所をつくることができ、それはエネルギー供給の変革をもたらすかもしれません。

太陽熱発電
カリフォルニア州・モハーヴェ砂漠に建設されたタワー式太陽熱発電システム。ヘリオスタットと呼ばれる平面鏡装置を使って中央の集光器に太陽光を集め、その熱によって発電を行う。Solar Two の発電力は 10 メガワットとなっている。© STATE ENERGY CONSERVATION OFFICE

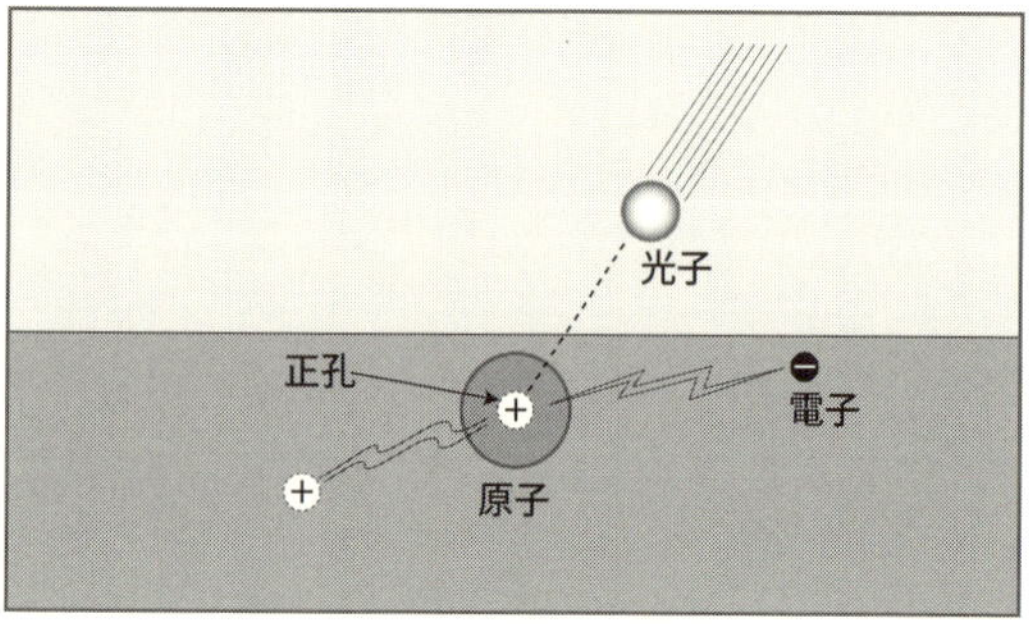

図 3-4　太陽光発電の原理
物体にあたった光が電子と正孔に転化して、電流を発生させる

光のエネルギーは電気になる

もうひとつ、光の利用ということでいえば、いまもっとも注目されているのが「太陽光発電」です。福島原発事故もあって、電力不足と低炭素社会の実現という観点から大きな関心が寄せられています。

光（電磁波）は量子論では「光子」（フォトン）として扱われます。このことからいえば、光のエネルギーは「光子」のもつエネルギーということになります。そしてそれは光に含まれる光子の数と周波数（波長）によって決まります。

この光子のエネルギーを利用して実用化されているのが太陽光発電、太陽電池です。簡単にいうと、一個の光子があたると、一個の電子に吸収され、そのエネルギーが電子の運動を活発化し、その結果、自由電子になります。その自由電子と正孔によって電流を得るという仕組みが太陽光発電システムです（**図3－4**）。

太陽の光のなかには、ものすごい数の光子（光粒子）が含まれています。その数なんと、一秒あたり6×10^{21}。数字で表せば、

六〇〇〇〇〇〇〇〇〇〇〇〇〇〇〇〇〇〇〇〇〇

となります。いまスーパーコンピュータの「京」（けい）が話題となっていますが、そ

の京の一万倍、「垓」(がい)という天文学的な数です。これだけの量の光子が、毎秒一平方メートル(㎡)あたり、地上に降り注いでいることになります。

とくに可視光線・紫外線・近赤外線のなかには相当量の大粒の光子が含まれています。曇りの日や雨の日に太陽光発電の機能が落ちてしまうのは、可視光線の光に含まれる光子の量が減るからです。

遠赤外線作用のメカニズム

電磁波の分類と遠赤外線

電磁波は、波長（または振動数）とエネルギーの大きさによっていくつかの種類に分類されます。それを示したのが「電磁波スペクトル」（**図3－5**）です。

「波長」で分けると、波長の短いほうから順に、ガンマ線、X線、紫外線、可視光線、赤外線、マイクロ波、電波に分類されます。このうち、人間の眼でみえる「可視光線」はおよそ〇・三八ミクロン（紫）から〇・八ミクロン（赤）までの、非常に短い波長範囲にあります。その波長は、紫（三八〇～四三〇nm）、青（四三〇～四九〇nm）、緑（四九〇～五五〇nm）、黄（五五〇～五九〇nm）、橙（五九〇～六四〇nm）、赤（六四〇～八〇〇nm）です。

そして、その「可視光線」の短い波長側に隣接しているのが「紫外線」であり、長い波長側に隣接しているのが「赤外線」です。

赤外線の波長は〇・八ミクロンから一〇〇〇ミクロン（一ミリメートル）の範囲にあり、

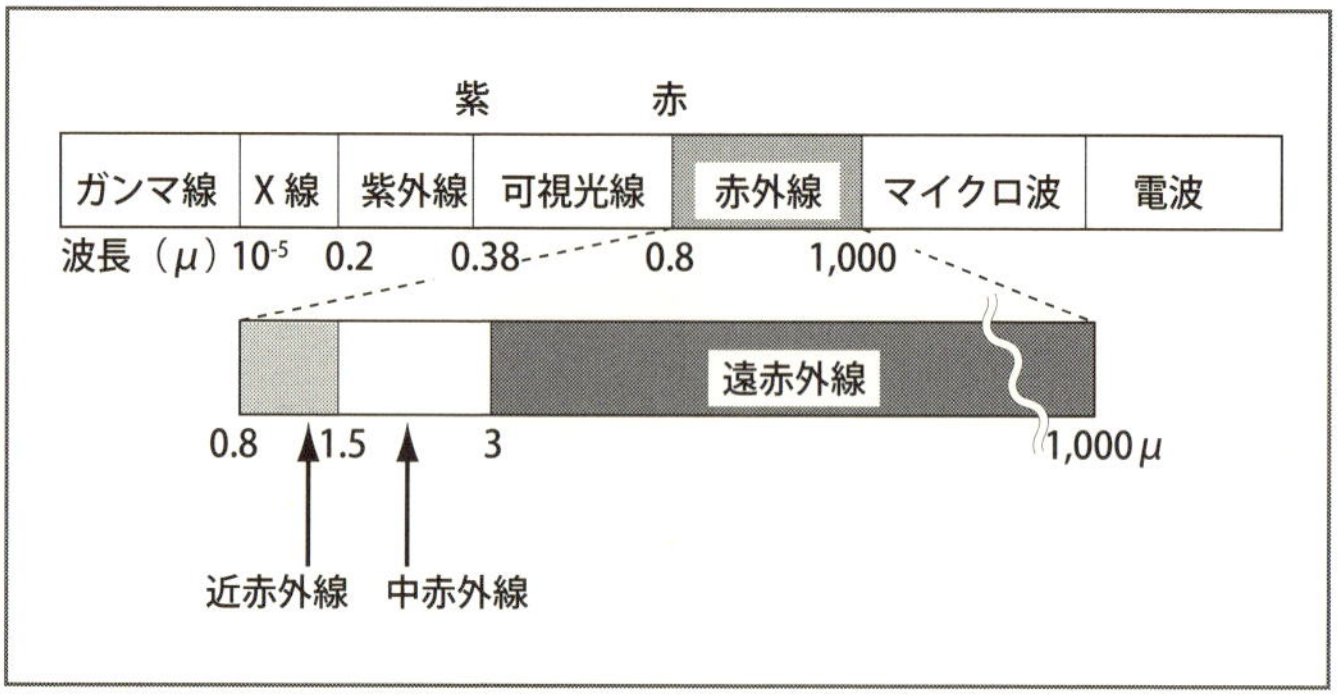

図3-5　電磁波中の赤外線の位置

さらにその波長帯によって「近赤外線」「中赤外線」「遠赤外線」に区分されます。遠赤外線の分野では、「三ミクロン」以上を「遠赤外線」としています。

放射という特異なエネルギー伝達

「外部からの影響をまったく遮断された物理系においては、その内部でどのような物理的あるいは化学的変化が起こっても、全体としてのエネルギーは不変である」――これが「エネルギー不変の原理」です。

この法則は一八四〇年代にドイツの医師・物理学者のロベルト・マイヤー（一八一四～一八七八）、同じくドイツの生理・物理学者ヘルマン・フォン・ヘルムホルツ（一八二一～一八九四）、そしてイギリスの物理学者ジェームズ・プレスコット・ジュール（一八一八～一八八九）によってそれぞれ独立に確立された物理学

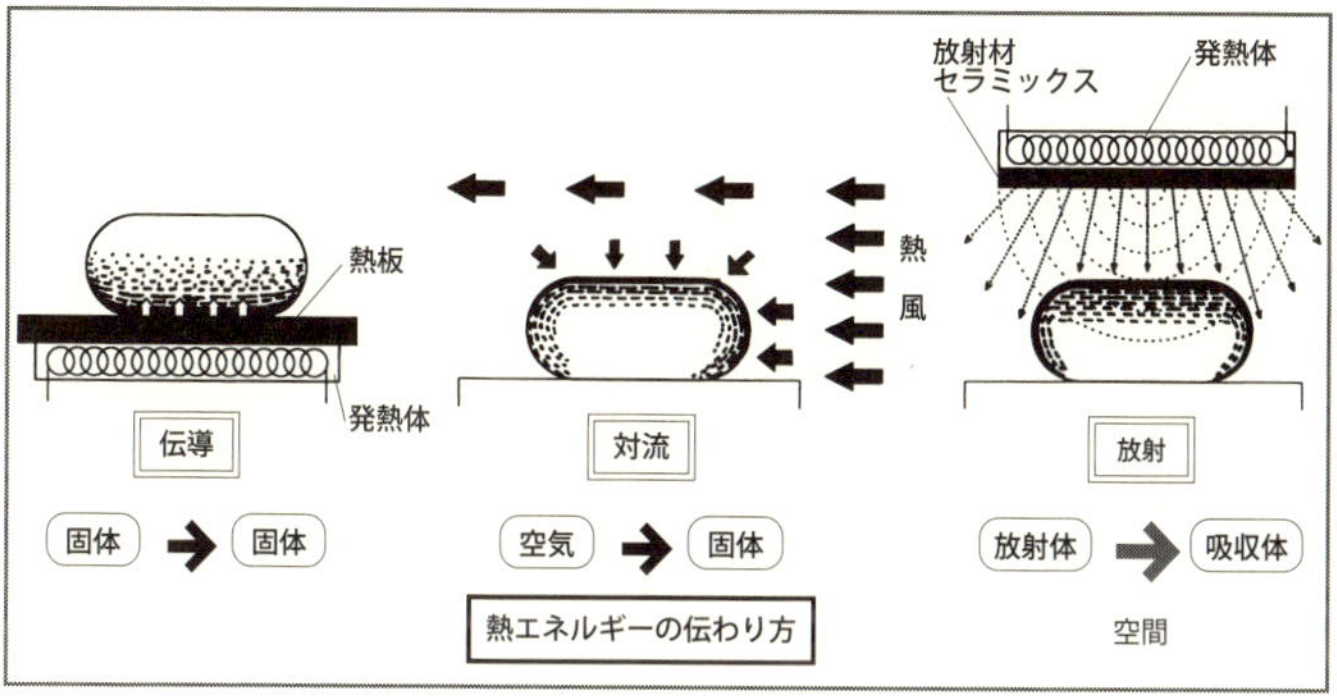

図 3-6　熱伝達の 3 態（伝導、対流、放射）

の根本原理です。

すべてのエネルギーは、その「エネルギー保存の法則」に従って、決して消滅することなくつねに形を変えていく。そのさい、そのエネルギーの一部は必ず熱になる。そして熱になったエネルギーは、かならず均衡（バランス）を保つために伝達されることになる。その伝達プロセスの一部が「放射」であり、放射のなかの一部が「赤外線」ということになります。

熱には温度の高いところから低いところへと伝わる性質があります。そして熱源から物体に熱エネルギーを伝達させるには、「伝導」「対流」「放射」の三つの方式があります。その様子を示したのが**図3－6**です。

「伝導」とは、高温の固体から低温の固体へと、熱が物体の内部を通って移動する現象です。「対流」は、空気や液体から固体へと熱が運ばれる現象です。ところが「放射」では、図に示されているように、熱源（放

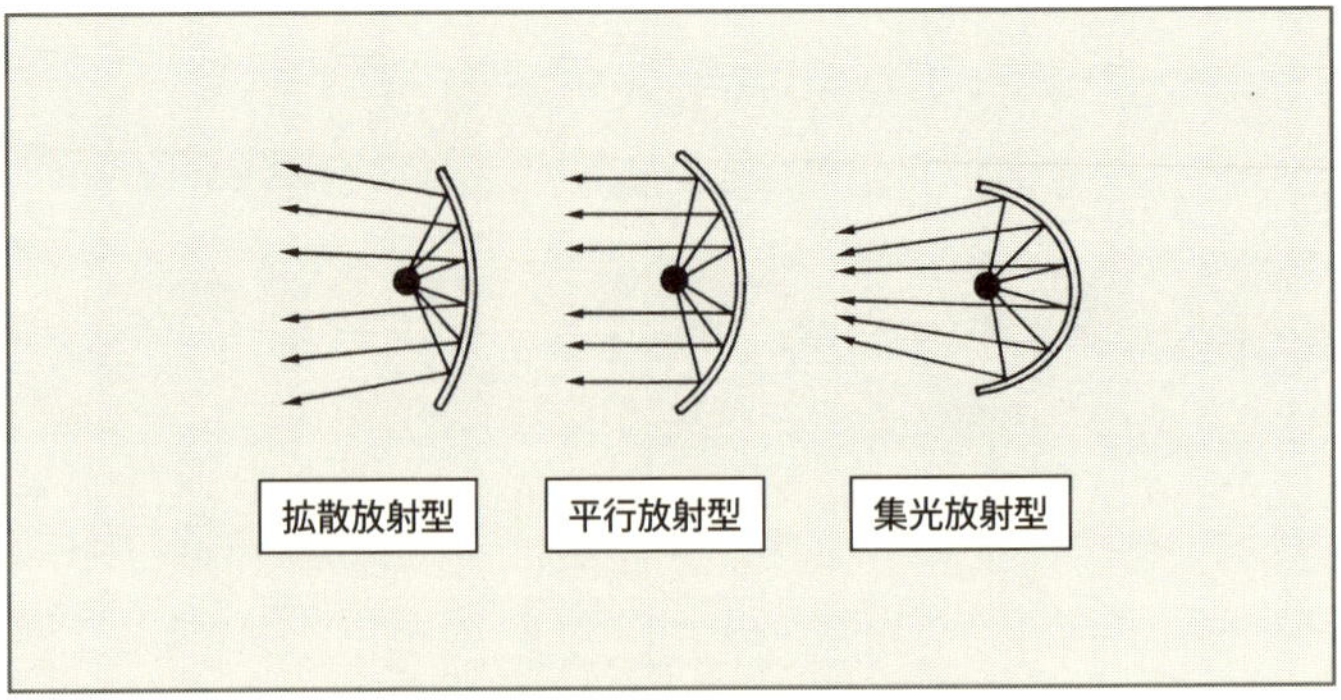

図 3-7　特性を生かした放射パターン

射体）から直接、物体（吸収体）へと、電磁波として熱が伝達されます。ここに「放射」が「伝導」や「対流」と異なる大きな特長があります。

「放射」の場合、伝導や対流のように、途中の媒体を加熱する必要がありません。そのため、伝達は直接的であり、瞬間的（光速）です。

つまり、放射は空気などの熱の媒体が不要であり、熱源から直接電磁波が放射され、それが相手物体にあたり、吸収されて再び熱になるという方式をとります。これはちょうど、太陽がその「核融合反応」によって熱エネルギーを電磁波として放出し、それを砂やアスファルトが吸収して熱に変わり、熱くなった砂やアスファルトが再び熱を遠赤外線として放射するのと同じ原理です。

この放射の特性を生かせば、工夫次第でさまざまな利用が可能です。たとえば、**図3－7**に示すように、反射鏡などを使って集配光すれば、加熱したい物体だけを加熱させることができ、光を拡散させれば広い範囲のものを暖めることができます。さらには「平行」にすれば、相手物体の大きさに合わせて加熱することもできます。

ちなみに、「放射」と「対流」との特性を比較してみると、次のようになります。

- 熱源温度　放射＜対流
- 気流温度　放射＜対流
- 熱伝達量　放射＞対流
- 加熱速度　放射＞対流

対比からもわかるように、熱源温度が低く、気流温度は小さく、それでいて熱伝達量が大きく、しかも加熱速度が速いのが、赤外線のもっている特長です。赤外線の中でも三ミクロン以上の遠赤外線は、有機物や無機化合物などの対象物体がもつ吸収波長帯と波長が一致するため、熱エネルギーを伝達するうえで優れた特性をもっています。しかも、対象物体の加熱に対する反応も速いので、省エネルギー化や作業のスピード化などの省力化にも役立てることが可能です。

遠赤外線利用の先駆となったフォード社

この遠赤外線の特性にいちはやく目をつけたのが、アメリカの「フォード社」でした。一九三七年、フォード社はコンベアシステムを採用し、翌一九三八年には自動車の塗装の乾燥・焼き付けに遠赤外線を導入しました。そして遠赤外線によって、作業の省エネ・省力化、高速化、品質の均質化が可能であることを世界に証明したのが、産業における遠赤外線利用のはじまりとされています。

そもそも、一八九〇年代にヨーロッパで生まれた自動車は、初めは完全な手づくりでした。注文を受けると、一台一台、一人の職人が最初から最後まで時間をかけて、ていねいにつくり上げる高級品でした。しかも部品には規格もなく、下請け業者によってつくられた何百もの部品を、職人がヤスリで調整しながら一台の車に組み立てていました。

創立者のヘンリー・フォード（一八六三～一九四七）は、自動車会社を設立（一九〇三）する前は技師として自動車を設計し、機械工として製作し、できあがった車をみずから運転するレーサーでもありました。そんな彼はいつしか、「自動車というものは裕福な人だけでなく、労働者であれ誰であれ、手に入れて使えるようになるべきだ」と考えるようになります。そして、そのためには車の値段を安くする必要があり、それには自動車を大量

ヘンリー・フォードとＴ型フォード車（1908 年モデル）
© Hunt, Ft. Myers, Fla. published 1914
© Copyright 2008 CTVglobemedia publishing Inc.

リバー・ルージュ工場の生産ライン
www.thetiptoplife.com

生産できるようにしなければならない。そう気がつきます。

一九一〇年、彼は電力を導入し、それまで別々の工場で行なわれていた工程をすべて同じ場所でできる大工場方式を考案します。これによって製造工程が大幅に短縮され、生産効率が格段に上がりました。それを可能としたのが、「流れ作業」です。「組み立てライン」の開発によって作業能率が大きく改善され、しかも労働時間も劇的に削減されるという副産物まで生みました。

この技術革新によって、価格も八五〇ドル（一九〇八年）から、二九〇ドル（一九二五年）になり、生産台数も三万九六四〇台（一九一一年）から一五〇〇万台（一九二七年）へと飛躍的に向上しました。また、大工場化は雇用機会を増やし、給料を上げ、人々の生活水準を上げる結果をもたらせました。

わが国における遠赤外線利用の経緯

さて、フォード社が産業界における遠赤外線利用の始まりだったということはわかりましたが、では、日本ではいつごろから「赤外線」が使われだしたのか。また、それはどういう理由からだったのか。もうひとつ、いちばん気になるのは「遠赤外線」という言葉です。古い文献には「遠赤外線」という単語は出てきません。ひとくくりに「赤外線」と表現されています。いったい誰が「遠赤外線」という言葉を使いだしたのか、そしてそれはいつごろだったのか――。

そのことを以前、元理化学研究所の芳賀幸明さんに聞いたことがありました。ちょうど遠赤外線ブームのころ（一九八八年）で、日経産業新聞の広告特集「ここまできた遠赤外線」という記事を書くためでした。当時、芳賀さんはがん研究所の付属病院に入院されていて、病気をおしてインタビューに応じてくれました。

「赤外線は終戦直後からありました。昭和二十二、三年に石英管を使ったヒーターがそれですが、それまで加熱過程はプリミティブなものでしたので、この放射加熱方式はいろんな産業に適応されて大変なブームになりました。第一次遠赤外線ブームといってよいでしょう。電力を熱源にしていますから、エネルギーがクリーンで、しかも温度コントロールが容易にできるという手軽さが受けたのでしょう。主に塗料、繊維の乾燥に使われました。それだけでなく、医療、健康機器、暖房、それに食品といったものにかなり使われ、たくさんのものが現れました。

赤外線は万能で、何にでも応用のきく療法のつえであるかのような扱い方をされて、多くの業界でも過剰な投資を行ない、過大に評価されたという経過がありますが、実態はそれに伴わず、しだいに鎮静化していきました。

それが昭和四十年代に入ると遠赤外線加熱というものが登場してきます。それまでは、赤外線加熱だったものを、近赤外線と遠赤外線に分けたのです。つまり、これまでのは近赤外線であって、今度のは遠赤外線であるというわけで、自己主張が出てきた。

その根拠となったのは、これまでの赤外線放射加熱とは熱源が違うということです。

それまでは、石英管の中にタングステン・フィラメントやニクロム線が入っていて、ガラスや石英管を一つのフィルターにしていた。しかし、それでは三〜五ミクロン以上の遠赤外線は出ていない。近赤外線だけが放射されている。それが、今度はフィルターを通さない〈生〉のものという大義名分が出てきたわけです。

そこに昭和三十年代半ばから赤外分光分析が発達してきて、有機化学の分析の手段として使われるようになって、いろいろなデータが出てきた。すると、多くの有機物は、多少の違いはあっても波長の長い遠赤外線領域にその吸収帯が多い、ということがわかってきた。有機物以外にも高分子物質、あるいは無機の酸化物とか化合物も、比較的遠赤外線の吸収帯にある。いいかえれば、遠赤外線を放射するということがわかってきて、遠赤外線加熱方式のいい大義名分が、ここで確立したわけです。

しかし、最近の状況をみていると、たしかに遠赤外線放射加熱方式は従来の対流・伝導といった加熱方式に比べると効率は格段によい。この方式は、どんな加熱工程のなかでも、必ず利用価値としては高いと思います」

このインタビューのあと、間もなく芳賀さんは亡くなられたと聞きました。この特集記事は四ページぶち抜きの大型企画で、一九八八年度「日経産業新聞広告企画賞」を受賞しました。遠赤外線が「流行語大賞」に選ばれたのも、この年でした。

またのちに、遠赤外線放射体が昭和四十三年（一九六八）、石川正氏らによって開発され、国内外に特許出願されたのが「遠赤外線」の始まりだったということもわかりました。

もうひとつ、遠赤外線利用に本格的に取り組むきっかけとなったのは「省エネルギー」対策の観点からでした。昭和四十八年（一九七三）、いわゆる「石油ショック」があり、政府は国民に五パーセントのエネルギー節約を呼びかけました。「省エネ」という言葉が国民感情のなかに浸透していったのもこの時期からです。

「省エネ」とは、効率よくエネルギーを使うことです。そこでクローズアップされたのが、熱の有効利用でした。なかでも、熱損失の少ない遠赤外線が注目されました。遠赤外線放射利用技術の研究が本格化したのはこの頃からです。

新エネルギー開発を目指す「サンシャイン計画」と、エネルギー転換・利用効率の向上や供給システムの安定化などの技術開発を目指す「ムーンライト計画」が推進され、省エネが国策として重要なテーマとなり、それを契機に公的研究機関や民間の研究所などで、遠赤外線利用の研究が活発に行なわれるようになりました。

そのさい、研究テーマとなったのは「セラミック材質の赤外線輻射に関する省エネルギー技術の研究」というもので、「陶磁器製造業における乾燥および焼成のため、効率のよい赤外線輻射媒体を、セラミック材質で開発するとともにその評価方法を研究する」というものでした。

それと、もうひとつ、アメリカの航空宇宙局（NASA）の研究（「宇宙船内における人間の生存条件」）のレポートも、わが国の遠赤外線利用、とくに医療機器の開発を後押ししました。このレポートによれば、赤外線のうち人体にとくに有効な作用をもつと思われるのは遠赤外線であり、しかも八～一四ミクロンの波長域の遠赤外線がよいという結果でした。

アメリカの技術を用いたパネルヒーターには、とくに八～一四ミクロンの波長帯を効率よく放射する、医療目的の遠赤外線放射体が用いられていて、その主張するところの効能は、「八～一四ミクロンの遠赤外線は身体深部に浸透し、内部で発熱するため、身体を芯から温める効果をもち、微細血管の拡張、血液循環をよくし、新陳代謝をよくする」というものでした。わが国で、「遠赤外線は身体内部に深く浸透してからだを芯から温める」というコピーが盛んにアピールされたのもこのころからで、その根拠となったのが、このNASAのレポートでした。

波長が合致して初めて効果がある

遠赤外線吸収のメカニズムを知るためには、まず対象物質（あるいは物体）の素性（構造・性質）を知る必要があります。素性がわからなければ、いくらいい波長（遠赤外線）を与えても「ネコに小判」、何の作用もなければ効果もありません。その素性と相性を調べるのに有効なのが「赤外線分光分析」です。

同じ人間でもそれぞれ皮膚の色も違えば、目鼻だち、顔立ちも性格も一人ひとり違うように、物質にもそれぞれ個性があり、赤外線を照射すると、物質はその構造によって、それぞれ特有（固有）のスペクトルを示します。それを調べることによって、その物質がもっともよく吸収する赤外線の波長域を知ることができます。

ある物質に赤外線を照射すると、その物質を構成している「分子」が光のエネルギーを吸収し、その結果、振動あるいは回転の状態が変化します。その振動・回転に使われたエネルギー量と透過（あるいは反射）した量の差を求めれば、分子に吸収されたエネルギー、つまり、その物質の分子の振動・回転の励起（活性化）に必要なエネルギー（波長）がわかるわけです。

図3ー8は、「赤外線分光分析」によるさまざまな有機物・化合物の赤外線吸収スペクトルを示したものですが、すべてといっていいほど、ほとんどの有機物・化合物が三ミクロン以上の波長、すなわち遠赤外線の波長域にあることがわかります。

また、**図3ー9**に、各種樹脂の赤外線吸収スペクトルを示しました。左側のタテ軸が透過率（％）を、ヨコ軸が波長（μm）を表しています。同じ樹脂でも、それぞれ異なったスペクトルを示すことがわかると思います。この特有（固有）のスペクトルは、物質（各樹脂）の波長（赤外線）に対する感受性の違いからくるものです。

ちなみに、このなかの「メラミン樹脂」（メラミンとアルデヒドの合成樹脂。耐熱性・不燃性に優れる）のところに注目してください。それと**図3ー10**を重ね合わせてみてください。左端の赤外線ランプの放射スペクトルはメラミン樹脂の吸収スペクトルとまったく合っていません。これではせっかくのエネルギーがドブに捨てられるようなものです。それこそメラミン樹脂にとって、「ネコに小判」です。

一方、遠赤外線放射体から放射されるスペクトルをみてください。メラミン樹脂の吸収スペクトルをほとんどカバーしています。つまり、遠赤外線のエネルギーがメラミン樹脂の吸収スペクトルと合致して、そのほとんどが吸収され、熱に変換されるのです。すなわち、短波長域の近赤外線はメラミン樹脂にとって、無用の長物ということになります。

これをエネルギーの大きさからみると、たしかに近赤外線のほうがエネルギー量が大きいですから、一見、遠赤外線を用いるよりも近赤外線を用いたほうが効率がよいように思われます。しかし、問題は、そのエネルギーを相手物質の分子が、吸収するか、しないかにかかっているのです。

以上のことからもわかるように、遠赤外線を活用するにあたっては、遠赤外線の振動数（波長）と相手物質の分子振動数が近ければ近いほど吸収が大きくなり、反対に両者の振動数が合わなければ、遠赤外線は吸収されずに透過してしまうということになります。

遠赤外線吸収のメカニズム

遠赤外線が物質に吸収され、その吸収された遠赤外線のエネルギーが物質内で熱に変わる。ではなぜ、遠赤外線が物質に吸収され、どのようにして熱に変身するのでしょうか——。

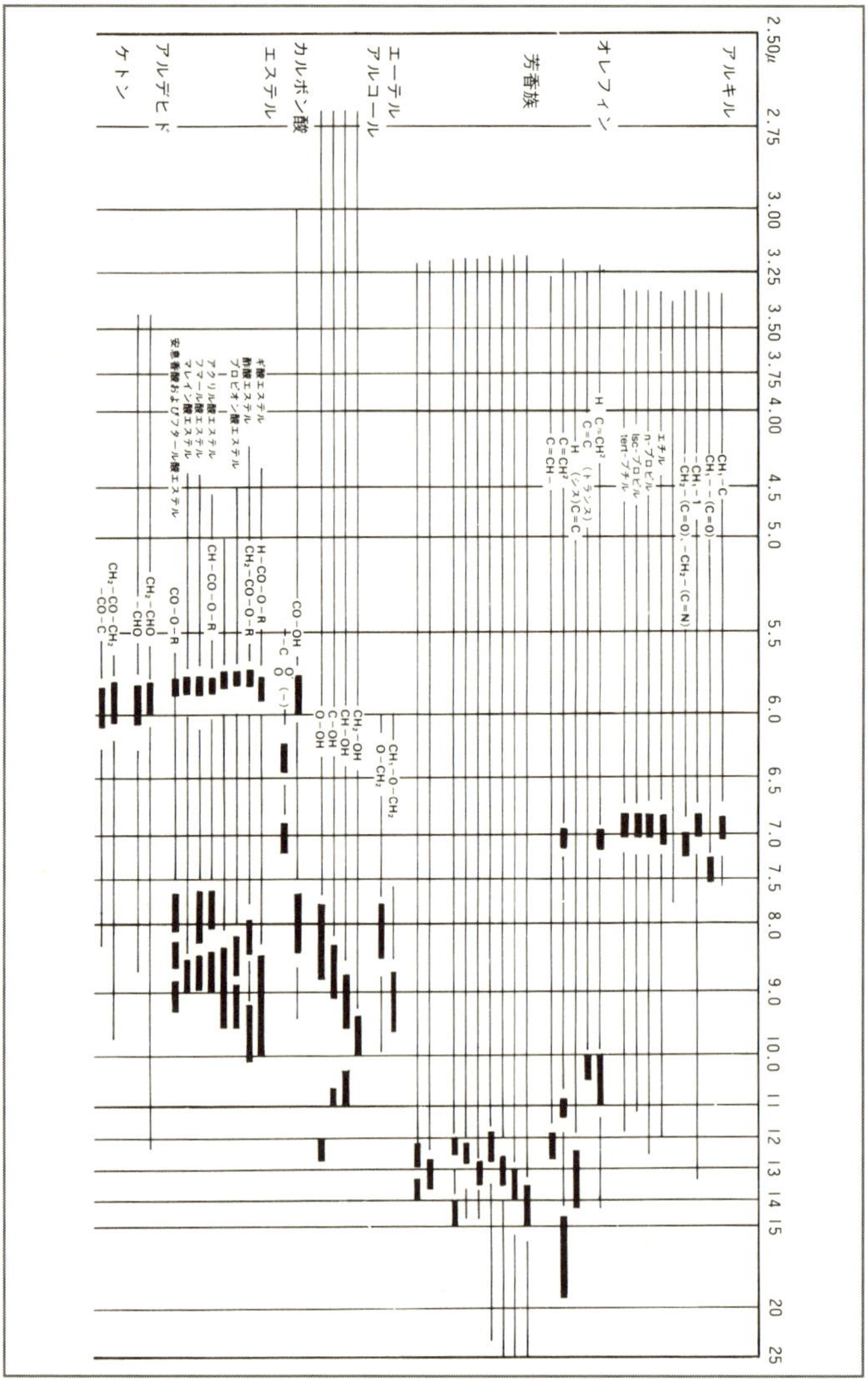

アルキル
オレフィン
芳香族
エーテル
アルコール
カルボン酸
エステル
アルデヒド
ケトン
2.50μ
2.75
3.00
3.25
3.50
3.75
4.00
4.5
5.0
5.5
6.0
6.5
7.0
7.5
8.0
9.0
10.0
11
12
13
14
15
20
25

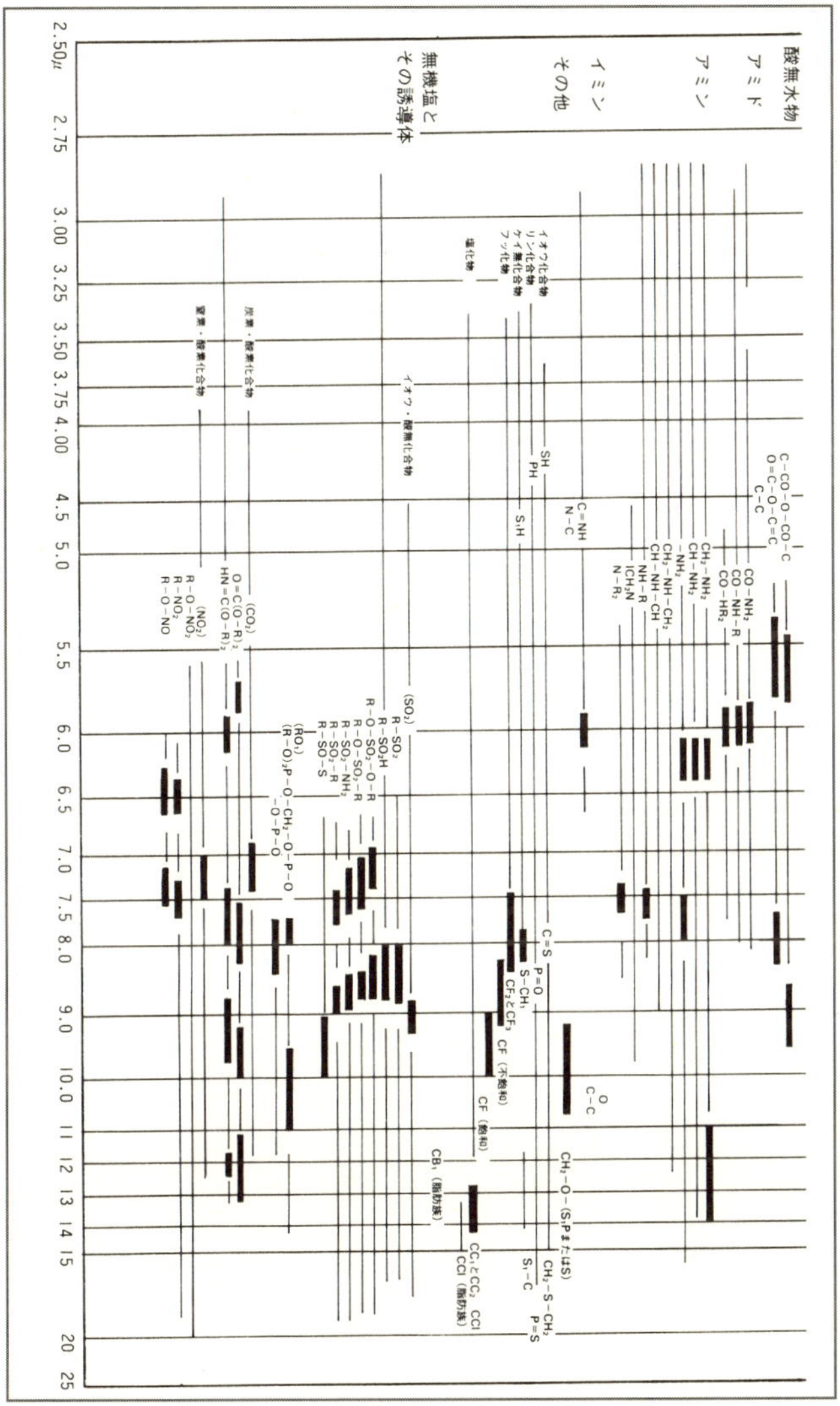

図3-8　各原子団の赤外線吸収スペクトルの特性波長表

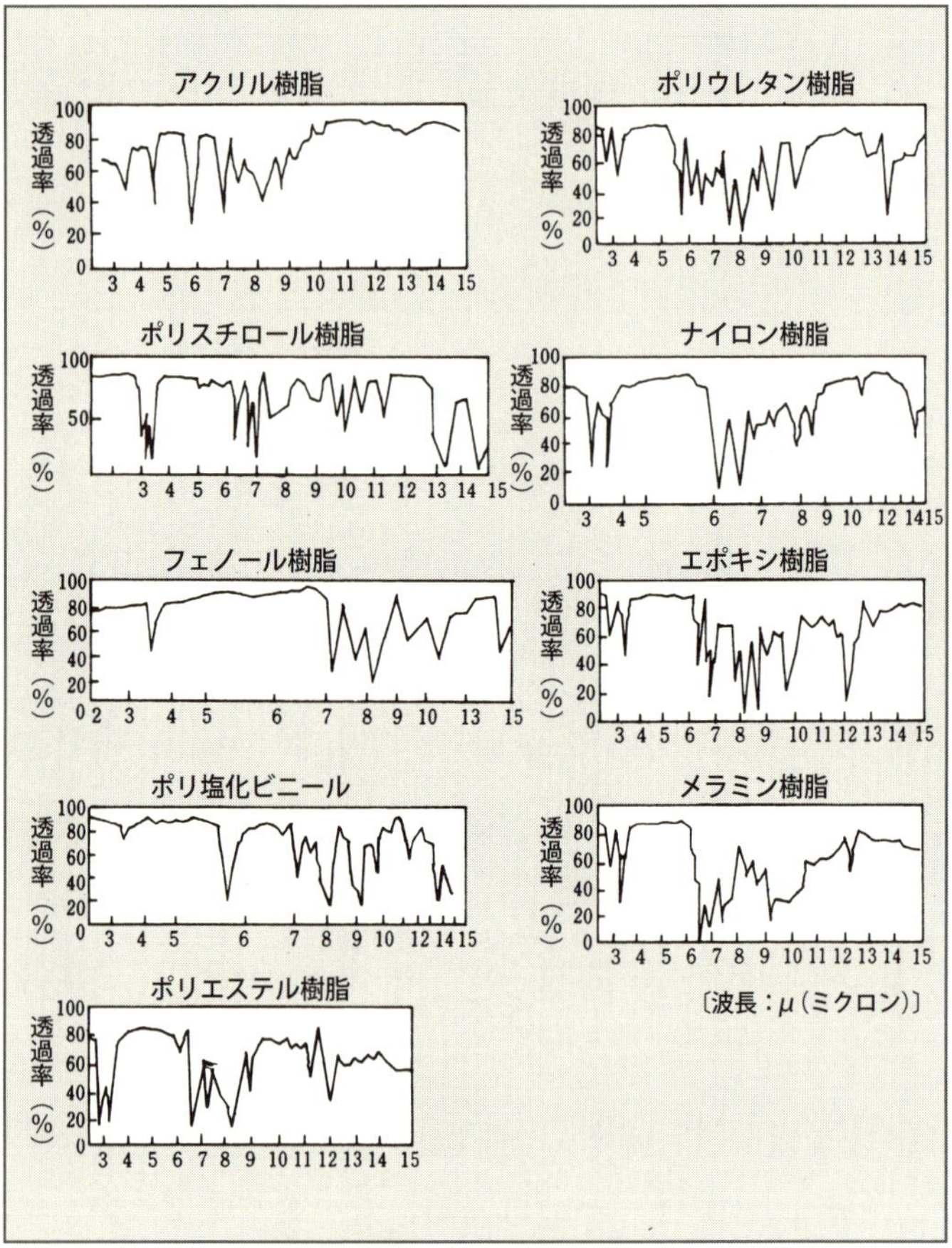

図 3-9　各種樹脂の赤外線吸収スペクトル

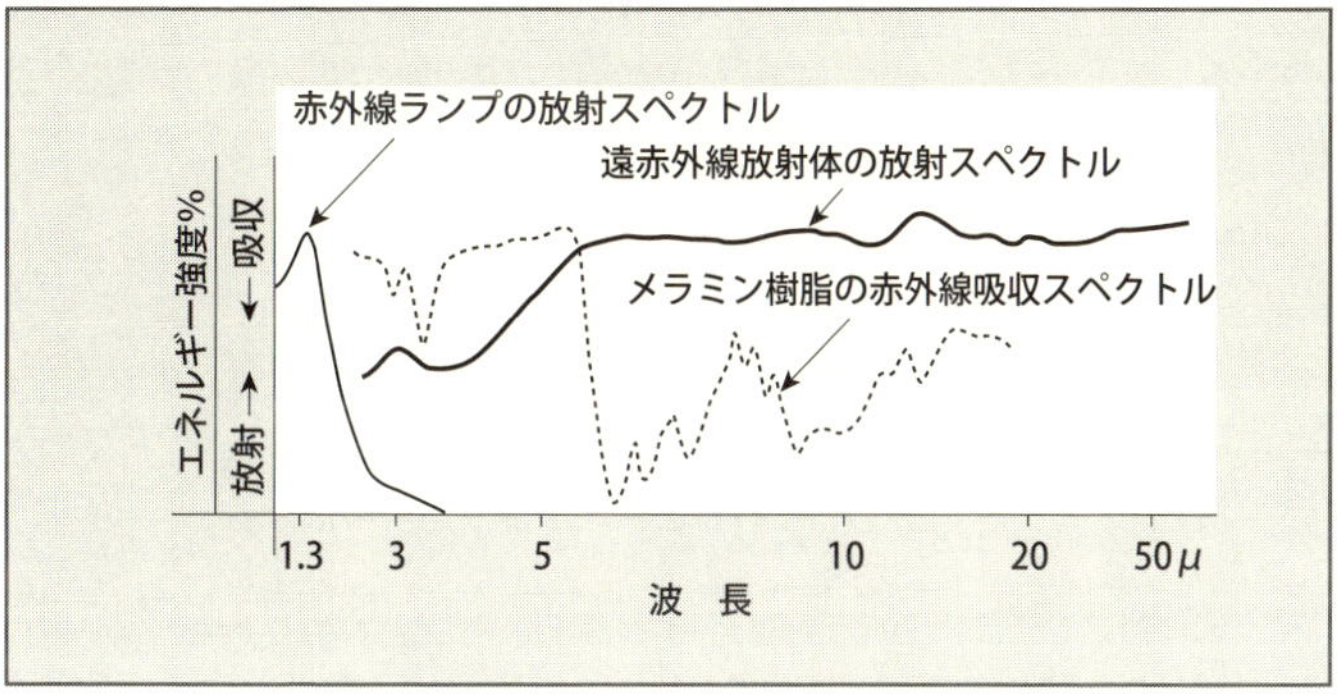

図 3-10　赤外線吸収スペクトルと遠赤外線の放射スペクトル

すべての物質は「分子」から構成されています。そして、その分子を構成しているのが「原子」です。たとえば「水」は、「酸素」という一つの原子と「水素」という二つの原子からなる「分子」でできています。それを式で表せば「H_2O」となります。これを化学式といいます。その分子内の原子の結合のしかたをあらわすと「O—H—O」となります。これを構造式といいます。この酸素（O）と水素（H）をつないでいるのが「結合格子」（—）です。

遠赤外線の吸収のメカニズムを論じるとき、原子と分子、そしてそれをつなぐ「結合格子」の状態（結合力）がもっとも重要な要素となります。

「原子」は原子核の周りに原子番号に対応する数の電子が決まった軌道上を回っていて、隣り合う原子、もしくは近くにある別の原子の軌道上を回る電子との位置関係によって、原子間の距離が伸び縮みする規則的な振動をくり返しています。

また、「分子」は複数の原子からできている結合体ですから、これらの原子の軌道電子同士の位置関係によって、必ず一定の振動（**固有振動**）をくり返しています。

一方、炭素を含む有機物や無機化合物などは、分子間の引力などによって集合体を構成しています。そのため、原子や分子間の結合距離は金属格子の二倍以上長く、振動周期も長くなっています。

また、複数の原子の結合体である「分子」は、隣り合う原子間の軌道電子の位置関係によって規則的な振動を行なっていて、これらを分子の「基準振動」と呼んでいます。

このように、物質を構成する分子の構造は、その原子の質量の構造上の集まり方や、配列の状態、およびそれらの結合力などの違いから、その分子特有の「振動」と「回転」の周波数をもっています。いいかえれば、物質の中ではつねに「結合格子」が絶えず伸びたり縮んだり（**伸縮振動**）、あるいは角度が変わったり（**変角振動**）、あるいは回転（**回転振動**）しつづけているということになります。この場合の振動の周期は、それぞれの結合の種類のみによって決まるだけではなく、当然、分子結合全体にも影響も受けることとなります。

ある物質に遠赤外線がどのくらいよく吸収されるか、あるいはされないかは、その物質を構成する分子の振動や回転の振動数・周期に左右されます。いってみれば物質を構成す

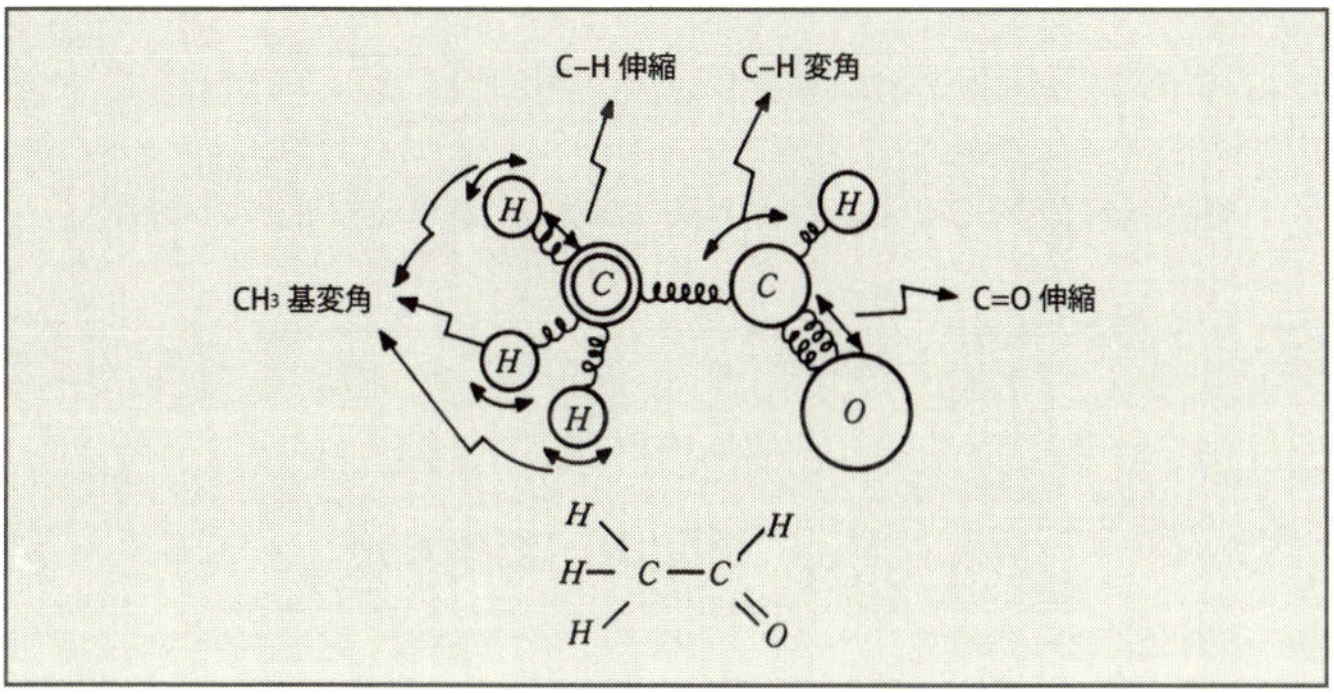

図 3-11　アセトアルデヒドの振動

る分子の振動数に遠赤外線の周波数が近ければ近いほど、物質の振動の波に遠赤外線の波は乗りやすいわけです。

吸収された遠赤外線は物質の内部で熱に変化します。言い換えると、分子を構成する結合格子の振動を激しくさせます（周波数の同じ波どうし、あるいは周波数の近い波どうしが重なると、波の周波数は変わりませんが、波の大きさは大きくなります）。その結果、分子はより激しく振動するようになって、それによってその物質が温まるわけです。

アセトアルデヒドの分子式は CH_3CHO です。ここでは原子を「玉」に、結合格子を「バネ」に模式してあります。それを模式したのが**図3－11**です。

このアセトアルデヒドにある振動数をもった遠赤外線があたると、それと同じ振動数で振動していたアセトアルデヒド中の分子の結合格子（バネ）が遠赤外線

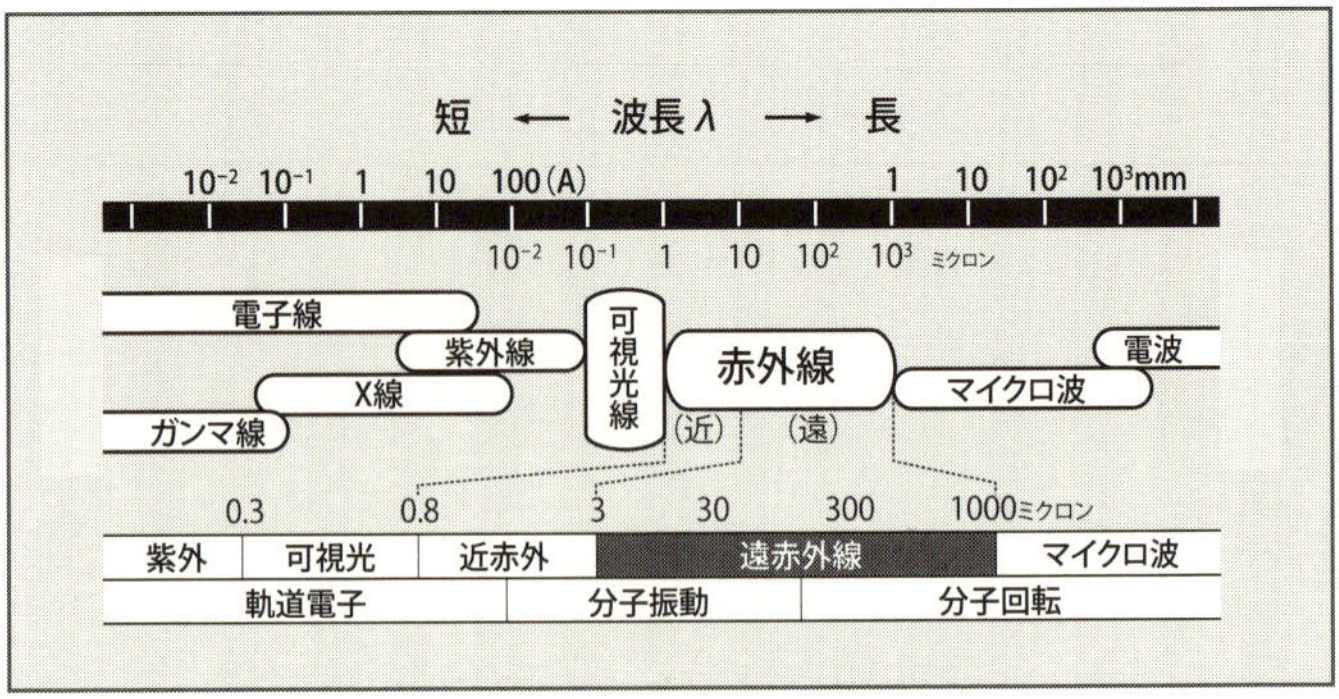

図3-12　電磁波と物質との相互作用

のエネルギーを吸収して、結合格子（バネ）の運動はいっそう激しくなり、その結果、分子集団の構造が変化します。これが「共鳴・吸収現象」と呼ばれるものです。

このように遠赤外線が吸収されると、物質中の分子（結合格子）の伸縮・変角・回転といった振動との相互作用（共鳴・吸収）によって、これらの振動状態を変化させ、その結果、熱エネルギーに変換されるのです。

しかし、同じ振動数をもつ結合格子がない場合、遠赤外線は吸収されないまま分子を通過します。そのため、共鳴・吸収の現象は起こりません。

たとえば、酸素（O_2）や窒素（N_2）といった同種の二原子からなる分子は直線的な分子構造（O—O、N—N）であり、同種の原子であるため、電気的にバランスの取れた「完全対称振動」を行なっています。そのため、外部から遠赤外線を与えても何らの相互作用は起こりません。これを「赤外不活性」と呼んでいます。遠赤外線が空気（酸素二一％、窒素七八％）を透過して直接相手物体に届くのは、こうした理由からです。

同じ二原子分子でも、塩化水素（HCl）や一酸化炭素（CO）は二種類の原子の大きさが異なるため（H—Cl、C—O）、振動は対称的でなく、そのため遠赤外線を吸収します。これを「赤外活性」と呼んでいます。

要約すると、物質を構成している分子内では、多くの原子がお互いの距離を「伸縮」したり、「変角」したり、「回転」したりといった運動を行なっていて、これらの運動はおのおの固有の振動数をもっている。そこに同じ振動数の光（遠赤外線）が照射されると「共鳴・吸収」が起こり、原子間の結合格子の運動は激しくなり、この運動エネルギーは熱に変わってゆく――。これが遠赤外線吸収のメカニズムということになります。

こうした「共鳴・吸収」の作用は遠赤外線特有のもので、**図3－8**および**図3－9**、**図3－10**に見たように、ほとんどの有機物や高分子物質・無機酸化物・化合物に対する「共鳴・吸収」の固有振動は近赤外線領域には存在せず、遠赤外線領域にあります。

図3－12に、「電磁波と物質との相互作用」を示しましたが、この図からも、原子間の「結合格子」や分子の「振動周期」は遠赤外線の振動の周期と重なる部分が多いことがわかります。

振動数は変わらずエネルギーが増大する

遠赤外線の実用効果の秘密は、先に述べた「共鳴・吸収」作用にあります。どういうことかというと、遠赤外線は物質中の分子の振動に共鳴し、吸収されることによって、その分子の振動数を変化せずに分子のもつエネルギーを増大させることができるのです。

振動には、先にも述べた結合格子による「伸縮振動」、結合角度をもつ場合の「変角振動」、格子を軸とする「回転振動」に加えて、分子自体が位置を変える「並進振動」や「回転振動」などがあります。

そして、遠赤外線の「周波数」が分子内の原子間結合格子の「振動」と合致するか、「振動」の組み合わせによって生ずる分子の「回転振動」の周期と「合致」したときに、遠赤外線のエネルギーの「全吸収」という現象が生じます。これが遠赤外線による「共鳴・吸収」です。

このとき吸収した側の物質中の分子の振動数は変わらずに、振幅が増大したかたちで「エネルギー準位（レベル）」が上がります。この「エネルギー準位」の上昇現象は、分子を構成する原子の種類や数によって多様に変化します。

要約すると、

1 格子振動領域（伸縮振動・変角振動）での共鳴・吸収
2 分子回転への共鳴・吸収
3 分子並進振動への共鳴・吸収

となります。

ハンバーグが生焼けになるのは

話をわかりやすくするために、ここで「ハンバーグ・ステーキ」を焼くときのことを考えてみましょう。「ハンバーグ」は子どもの大好きなメニューのひとつですが、焼き方がまずいと表面だけが焼けていて、いざ食べる段になって「生焼け」の状態だったということがよくあります。これでは、子どもの期待は一気に落胆へと変わってしまいます。

なぜ、ハンバーグは「生焼け」になるのか――。その理由は、フライパンから放射される「波長」（振動数）とハンバーグの欲しがる「波長」（振動数）がリゾナンス（共鳴）しないために、せっかくのエネルギーがうまく吸収されず、それで中まで火が通らなかったからです。つまり、ハンバーグの分子が表面だけが振動して、中は振動しなかったのです。振動が起こらなければハンバーグは発熱せず、結果として生焼けになります、しかも、フライパンは比熱が小さいですからすぐに高温になります。すると、熱としての分子振動が速く、その振動数がハンバーグの欲しがる振動数と合致しません。にもかかわらず、無理やりエネルギーを与え続けると、ハンバーグは仕方なくそれを受け取りますが、波長の相性が合わないために、与えられたエネルギーをよく内部に伝えようとしない。その結果、表面だけが真っ黒に焼けて、中身は生焼けということになったのです。

「ハンバーグ」はひき肉とタマネギ、それにタマゴとパン粉などを混ぜた有機物のかたまり（分子集団）です。それに水分——。この二つの要素が波長（振動数）と大きくかかわっています。

まず、水の共鳴・吸収帯は二・六六ミクロンと二・七四ミクロン、それに六・二七ミクロンにあります。そして肉の共鳴吸収帯は二ミクロンと三〜一〇ミクロン付近にあります。

フライパンを暖めると遠赤外線がでます。しかし、高温になると今度は近赤外線を含む放射が多くなります。ハンバーグの波長吸収帯はおよそ二ミクロンと三〜一〇ミクロン付近が最大ですから、ハンバーグに含まれている水分の波長帯と合致します。

そのことからいえば、水分を飛ばして表面をこんがりと焼くには二ミクロン付近の近赤外線を、中までじっくりと焼き上げるには三〜一〇ミクロン付近の遠赤外線がいいということになります。ただ、二ミクロン付近の近赤外線で急激に焼くと表面だけがこげてしまいます。

もう一つの水の吸収帯は六・三ミクロン付近にあります。これは遠赤外線の波長帯ですから、この付近の波長帯はハンバーグ（有機物）が要求する振動数をよくカバーしています。

ですから、ハンバーグをおいしく焼くには、二ミクロン付近の近赤外線で表面をこんがりと焼き、六・三ミクロン付近の遠赤外線で全体に熱を均一に与えてやる。そうすると、両者の振動数が合致して中までしっかりと、おいしく焼けることになります。とくに四ミクロン以上のエネルギーを与えるには遠赤外線が効果的です。

なぜ「強火の遠火」なのか

これは「焼き鳥」でも同じことがいえます。よく「強火の遠火」といいますが、これは理にかなった方法です。つまり、二・七ミクロン付近の「強火」の近赤外線で表面をこんがりと焼き、六・三ミクロン付近の「遠火」の遠赤外線で全体に熱を均一に与えてやる。そうすると、表面はコンガリ、なかはふっくら――。昔の人たちは、経験からこの理屈がわかっていたとしか思えません。

「ウナギ」を焼くときも同じです。ウナギは「炭火」で焼くのがいちばんといわれます。

では、炭火とガス火ではどのように違うのでしょうか。ガス火では「対流」による高温熱のため皮だけが黒こげになってしまいますが、炭火では（対流熱ももちろんありますが）、遠赤外線放射熱が多いため、芯部まで熱を通すことができてうまく焼けるのです。

ウナギ屋さんの前を通ると、よくウチワであおいでいるのを見かけますが、あれはウナギのいい匂いをまき散らしてお客さんを誘おうとしているのではなくて（一部それもあるでしょうが）、あおぐことで余分な対流熱を吹き飛ばして、遠赤外線放射熱で焼くためなのです。

遠赤外線のおいしさは超密度加熱

うまく焼けると「おいしかった」といわれるのは、つくり手にとって何よりのごほうびです。では、焼いて「おいしくなった」とか「味に丸みができた」「カドがとれた」ということはどういう現象なのでしょうか。そのとき、物質の内部で何が起こっているのでしょうか——。

そのことを以前、親交のある松下和弘さんに聞いたことがあります。松下さんはＮＭＲ（核磁気共鳴分光法）の実験・解析から「水のクラスター理論」を検証した、水研究の第一人者です。

「それは超密度加熱にあります。遠赤外線は、一秒間に一億から一〇億個の分子に対して、10^{12}回という振動を与えることができるのです。すなわち、物質の内部まで均一に加熱することができるという特長があるのです。このような特長は対流、伝導では得られません。遠赤外線による超密度加熱は物質内部のタンパク質や酵素といった、さまざまなものに対して均一に、しかも同一に振動を与えることができます。そのため『ムラ』ができないのです。カドがとれた、味に丸みができた、おいしくなった、というのはこういうことなのです」

この遠赤外線の「超密度加熱」を検証した実験データ（東京家政大学・中村アッ子先生の報告）があります。実験は、二キロの牛肉を使って、それぞれ従来の焼き方と遠赤外線（ハローヒート法）で焼いてみたところ、そこには明らかに差がみられたというのです。

従来の方法で焼いたほうは、外側はよく焼けているのに、内側は「生」に近かったのに対し、一方の遠赤外線で焼いたほうは、外側・内側も均一に焼けていた。これをNMRで分析したところ、遠赤外線で焼いたほうは、外側・内側のどの部分をとっても組織水の「緩和時間」にほとんど差が見られなかった（つまり均一に焼けていた）のに対して、従来の方法で焼いたほうは、水の緩和時間が短く、自由水が減少して結合水の割合が高くなっていた（つまり生だった）ということがわかりました。

波長と強さと量、そして相性

遠赤外線をつくるのは簡単です。物体を温めさえすればよいのです。どんなものであれ、熱を加えれば遠赤外線が放射されます。

問題は、放射される「波長」（エネルギー）と「強さ」、それに「量」が、対象となる物質（分子構造）と「相性」が合うかどうかです。この組み合わせのいかんによって、得られる効果がまったく異なってきます。

「相性」とは「共鳴（リゾナンス resonance）」といいかえることができます。つまり、いかに波長・強さ・量という三拍子がそろっていても、対象物質と「リゾナンス」（共鳴）しなければ相互作用（吸収）は起こらず、効果も得られないことになります。ですから、リゾナンスする波長・振動数のエネルギーを与える――。これがもっとも重要となります。

遠赤外線の基本的事項

遠赤外線に関する「基本的事項」を、高田紘一さんによるアドバイス（出典『実用 遠赤外線、一九九九』）として、以下にまとめておきます。

❶ 遠赤外線は、電場振動（電気エネルギー）と磁場振動（磁気エネルギー）が互いに直角に交叉しながら進行する「電磁波（光）」エネルギーである。

❷ 電磁波のエネルギーは毎秒の「振動数」、1cmあたりの「波数」、「波長」、「光子エネルギー（eV）」などで表される。遠赤外線のエネルギーは、振動数では300～1000GHz、波数で10～3300cm^{-1}、波長で 3～1000μm、光子エネルギーでは0.0012～0.413eV の範囲に入る。

❸ 遠赤外線は、−273℃（絶対0度）以上の物体から放射される。1本の電磁波（または1個の光子）は、一つの原子結合の振動エネルギー準位が、別のエネルギー準位へ移る際に、その差分エネルギーとして放射される。

❹ 物体からの遠赤外放射と理想黒体からの放射（プランクの放射式から計算）との比を「放射率」という。実際の物体では波長によって放射率が異なるので、波長別に測定したものを分光放射率という。放射率は物質の種類や結晶構造、表面状態などによって0から100％の間で変化するので、同一温度での放射エネルギーも放射材料に

よっては数十倍の開きが出る。

5 物体からその温度に応じて放射される遠赤外線のエネルギー発散度は、「絶対温度の4乗に比例」する。

[シュテファン・ボルツマンの法則]

$W=5.67\times10^{-12}\cdot\varepsilon\cdot T^4$ [w/cm^2]

ここで、「ε」は物体の放射率であり、「W」が、ある波長範囲の放射エネルギー発散度である場合には、その波長範囲の分光放射率の平均値か、区間内の積分放射率を用いる。

6 物体からの温度放射では、最も強い放射をする波長（黒体におけるピーク波長）は、物体の「絶対温度に反比例」する。

[ウィーンの変位則]

$\lambda max = 2897/T$

7 物体から放射された遠赤外線が物質の境界に達すると、他の電磁波（光）と同様に「反射」「透過」「吸収」「回折」「干渉」などの作用を起こす。

8 遠赤外線の吸収は、物質中の原子間や分子の結合振動と入射した遠赤外線の振動エネルギーが合致したときに、遠赤外線の全吸収が起こる。入射した遠赤外線が原子や分子の軌道電子の影響で方向を曲げられた（散乱）ときは、そのエネルギーの一部を失う。

9 遠赤外線を吸収した物質内のひとつの原子結合部分では、振動エネルギー状態が高いレベルに移る。これを「振動励起」といい、引き続いて何らかの変化が起こり得る状態になる。

10 振動励起状態は、その結合振動部分のごく近傍の温度が上がった状態ともいえるが、それが直ちに分子全体、ましてや物質全体の温度上昇につながると考えるのは適当ではない。

なぜなら、結合振動部の励起状態からエネルギーが放出され、励起前のレベルに戻る「緩和過程」には、周囲に近接する結合振動部への伝播による「エネルギー拡散（熱伝導）」のほかにも、自由分子の運動エネルギー（並進）への分配や、励起部からの電磁波の「再放射」などの緩和過程があるからである。

11 振動励起状態となった、原子結合を含む分子は「振動励起分子」となり、何らかの過程を経て、過剰なエネルギーを周囲に放出し、元の状態へ戻ろうとする。

⓬ 遠赤外線は、電磁気的な偏り（「双極子モーメント」）のある結合振動だけに吸収され、同一原子間の結合のように、対称中心をもつ結合振動には吸収されない。水素（H－H）や空気を構成する窒素（N－N）、酸素（O－O）などは遠赤外線を吸収しない。したがって、空間を隔てた物体間で熱エネルギーを移動させようとするとき、途中の空気によるエネルギー損失がないことになる。物体を加熱する場合にも、物体中の結合振動のモードによって、吸収するものとしないものがある。

⓭ 遠赤外放射の本質は「電磁波エネルギー」であるから、2種類以上の遠赤外線の複合作用に関して、単純な足し算や引き算が成り立たないことを銘記しておく必要がある。

遠赤外線放射セラミックスの原点――ほうろく

「効率のよい赤外線輻射媒体を、セラミック材質で開発する」という名目のもとで進められた研究から、遠赤外線を効率よく放射する「セラミックス」が開発されてきました。

むかしから、豆を炒るのに「ほうろく」という素焼きの土鍋が用いられてきました。ほうろくで炒った豆はこげることなく、均一に、しかも香りを逃さず内部までうまく炒ることができます。ほうろくは、もっとも古典的なセラミックスで、原土を成型・乾燥させて六〇〇〜八〇〇℃で焼成することができることから、だれでも簡単につくることができました。

いまから一万年前、「縄文時代」と呼ばれる時代に、すでに私たち日本人の祖先は土器（セラミックス）を手にしていました。竪穴《たてあな》住居と呼ばれる住まいには、炉やカマドを備えてあり、煮炊きしたと思われるたくさんの土器が出土しています。

土器は「かわらけ」ともいいますが、約一万年ほど前から、西アジアなど広くユーラシア一帯でつくられ、暮らしに使われていました。

セラミックスとは何か

生活や産業に用いられる材料は、その構成する物質によって「無機材料」「有機材料」「金属材料」の三つの材料に区分されます。セラミックスは、このうちの「無機材料」に属するもので、前述したように、その歴史は古く、石器時代にさかのぼることができます。初め私たちの祖先は岩石を加工し、道具として用いていました。それがやがて、粘土を焼き固め、土器をつくって生活に利用するようになります。

この粘土焼成物を総称して「セラミックス」と呼びます。セラミックスとは、ギリシャ語のケラモス(Keramos)ということばに由来します。セラミックスを日本語に訳せば、「磁器」ということになります。もっと広げていえば、耐火物、ガラス、セメント、石こうなど、天然の鉱物や粘土を原料にして、熱加工をほどこした「焼き物」の総称ともいえます。

セラミックスは、その特性から「伝統的セラミックス」(トラディショナル・セラミックス)と「ファイン・セラミックス」(ニュー・セラミックス)に区分されていて、伝統的セラミックスは粘土や珪酸塩(二酸化珪素＝SiO_2と金属酸化物)といった天然原料を材料として成型され、焼き固められて陶磁器やレンガをつくる、いわばプリミティブな材料です。

一方のファイン・セラミックスは、「アルミナ」(酸化アルミニウム＝Al_2O_3)「ジルコニア」(酸化ジルコニウム＝ZrO_2)「チタニア」(二酸化チタン＝TiO_2)「イットリア」(酸化イットリウム＝Y_2O_3)「マグネシア」(酸化マグネシウム＝MgO)「シリカ」(二酸化珪素＝CiO_2)「カルシア」(酸化カルシウム＝CaO)など、精製された人工原料を使って、特定の機能を最大限に引き出すためにつくられた、まったく新しい素材です。

その特性は焼き物ゆえの、耐熱性・絶縁性・耐薬品性・構造性に優れていることから、その特性を活かしてＩＣの基板やセンサーといったエレクトロニクスやロケットのエンジンといった最先端技術に使われており、「第三の材料」として宇宙開発、新エネルギー開発、バイオテクノロジーなど、最先端産業の中心的存在になっています。

吸収波長と一致して発熱

セラミックスの分子式をみると、すべてO（酸素）がついています。つまりセラミックスとは酸化物（酸素の化合物）です。ですから、真夏の砂が焼けるように熱くなるのも、道端のブロック塀が熱くなるのも、その中に酸化物が含まれているからなのです。

砂には、「石英」（無機珪酸・二酸化珪素＝SiO_2）、「長石」（珪酸塩鉱物・酸化アルミニウム＝Al_2O_3・酸化ナトリウム＝Na_2O・酸化カルシウム＝CaO・酸化カリウム＝K_2O）、「黄鉄鉱」（二硫化鉄＝FeS_2）といった酸化鉱物が入っています。これらの酸化鉱物は太陽の光エネルギーを効率よく吸収して、すばやく熱に転換する能力をもっています。それで砂が熱くなっていたのです。

赤錆びたダルマストーブが新しいストーブよりも暖かかったのも、縁側の戸障子の錆びたレールが熱くなっていたのも、その表面に酸化膜があったからです。いいかえれば、砂や金属酸化物は光エネルギーを熱エネルギーにすばやく変換する機能をもっているという

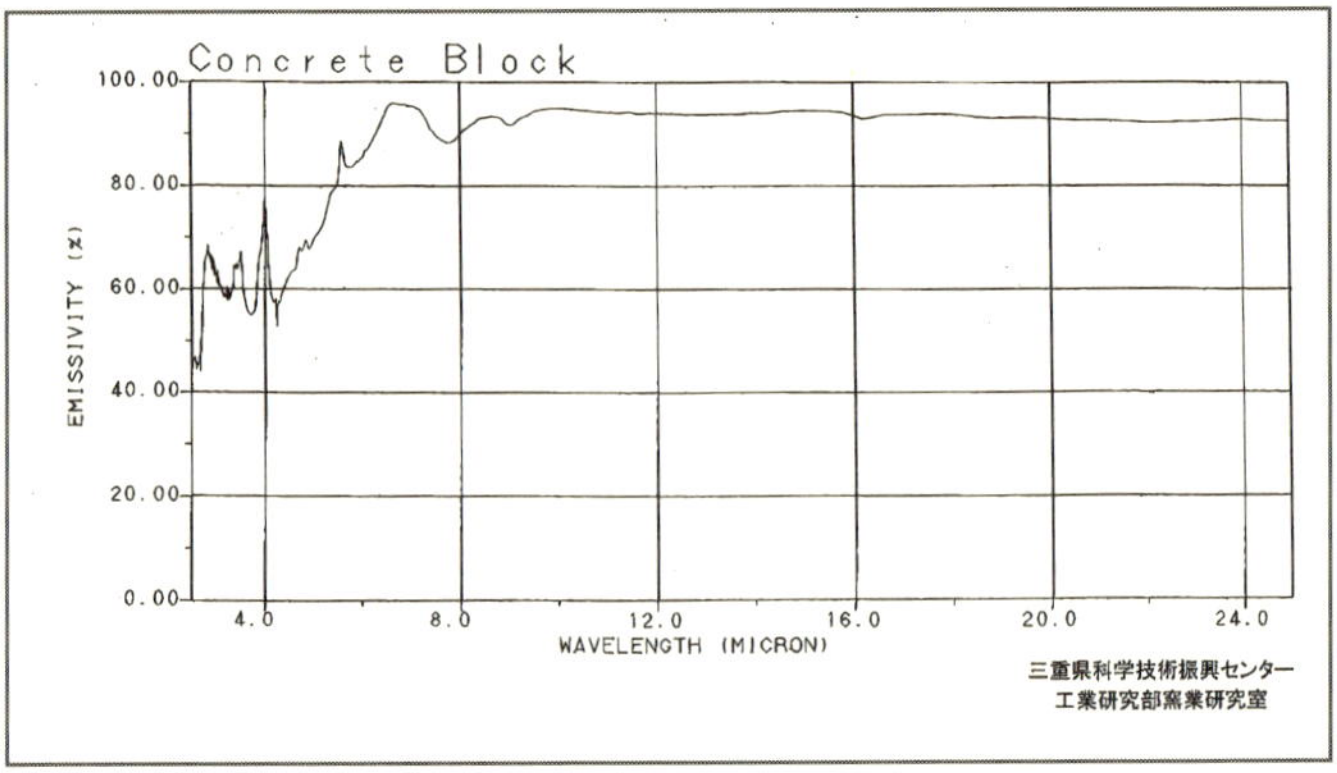

図3-13　コンクリートブロックの遠赤外線放射率

ことになります。また、金属でもその表面に酸化膜があれば、金属酸化物の分子の振動エネルギーは遠赤外線のエネルギー範囲と一致します。

　このように、金属酸化物や酸化鉱物は、外部からの熱や光のエネルギーを「吸収」してエネルギーレベルを高め、そのエネルギーに相当する電磁波（遠赤外線）を「放出」する機能をもっているのです。

「すべての物質は、それ自身が発することのできる光と同じ振動数の光を吸収する」

「光（電磁波）は温度をもつすべての物質から放射され、かつ吸収される」――。ここに遠赤外線の「有効利用」のポイントがひそんでいます。

　試みに、コンクリートブロックの放射率を測定してもらったことがあります。その放射率のデータを図3―13に示しました。

「コンクリートブロックの測定など経験がない」

といわれましたが、結果は見てのとおり、遠赤外線波長帯である三ミクロン付近では放射率六〇％（〇・六）前後で波形は一定せず、乱高下していますが、六ミクロンあたりから遠赤外線の放射率が高くなってきます。八ミクロン付近ではまだ不安定ですが、その後、一〇ミクロンあたりからは約九〇％（〇・九）近い安定した放射率がみられました。

率直にいって、コンクリートがこれほど放射率が高いとは思いませんでした。このデータをみているうちに、これだけの放射率をもったコンクリートが都会のすみずみまであふれているとすれば、都市圏における「ヒート・アイランド現象」は当然かな、と思ったのも事実です。一度、遠赤外線の視点から、気象学者と協力して、この「ヒート・アイランド現象」を解析・検討してみる価値はあると思うのですが、どうでしょうか。

遠赤外線放射セラミックス

コンクリートブロックのデータが示すように、砂や鉱物といった天然原料では三ミクロン以上の安定した遠赤外線放射を得ることはきわめてむつかしいことです。遠赤外線放射体と呼ぶには、三ミクロン以上の遠赤外線を安定して放射する材料でなければなりません。

そこで、遠赤外線だけを効率よく放射する材質を人工的に得られないか――ということ

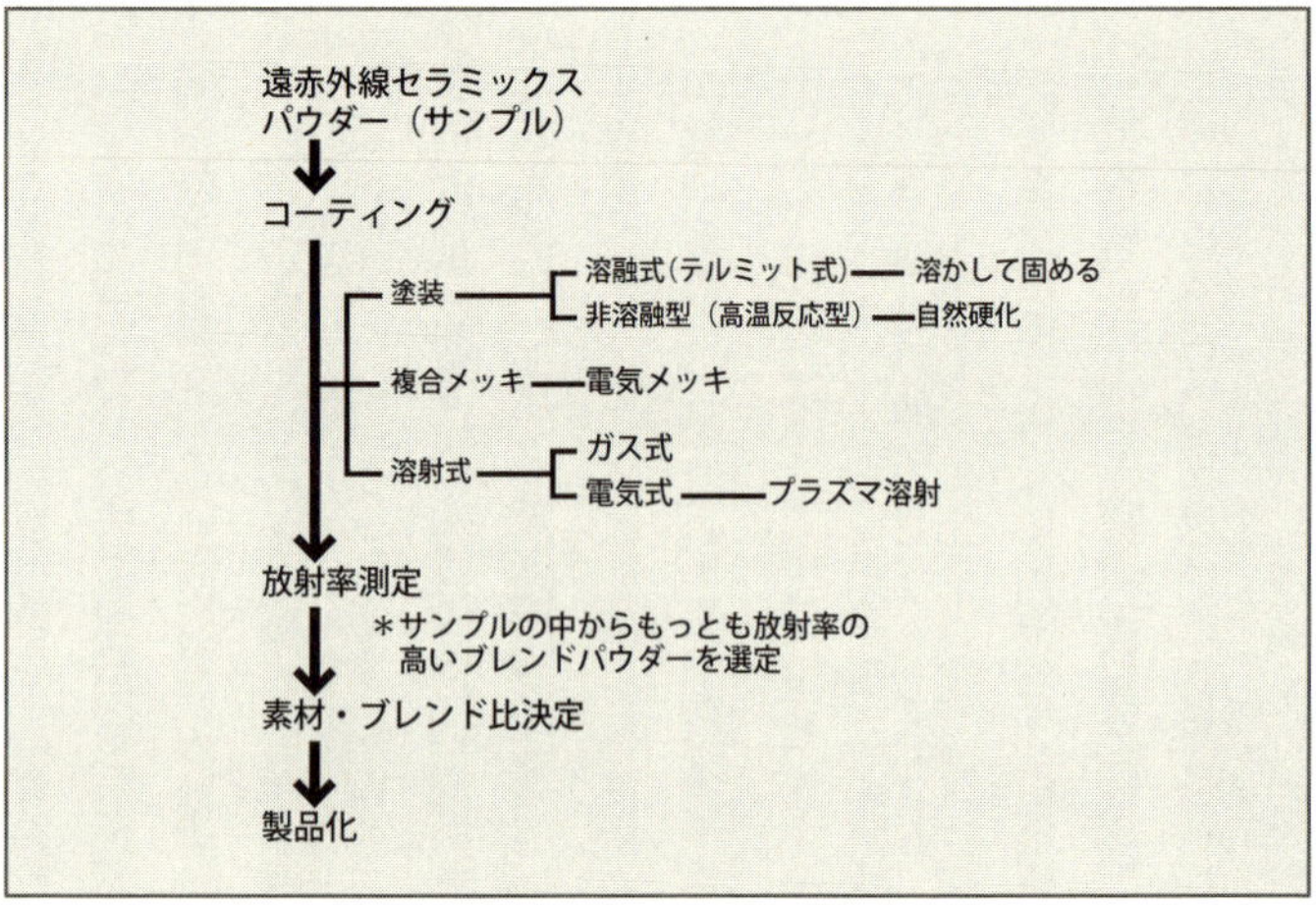

図 3-14　遠赤外線放射体の開発工程

で開発されたのが「遠赤外線放射セラミックス」です。

遠赤外線放射「セラミック」を選ぶにも、いろいろな種類があります。そのなかから、利用目的と用途に沿って、どんなセラミックを選ぶかがポイントになります。

遠赤外線放射セラミックスでは、熱エネルギーを効率よく光エネルギーに変換する機能をもった材料の選択がもっとも重要となります。つまり、熱源から得られるエネルギーを遠赤外線に効率よく変換する材料でなければなりません。

セラミックスのほとんどのものが、そうした性質をもっていますが、ただ、一種類のセラミックだけでは変換効率が悪く、必要とする波長特性を満たすことはできません。

つまり、優れた遠赤外線放射セラミックスをつくるためには、数多くのセラミックスのなかから、変換効率がよく、波長特性を満たす数種類のセラミックスを選びだして、ブレンドする必要があります。そのさい、セラミックスは主として「アルミナ」（酸化アルミニウム＝Al_2O_3）」「ジルコニア」（酸化ジルコニウム＝ZrO_2）「チタニア」（二酸化チタン＝TiO_2）、およびこれらの「混合粉末」が用いられます。

ここで注意しなければならないのは、放射率の高いセラミックスだけを選んでブレンドすれば確実に遠赤外線の放射率が上がるかというと、そうとは限らないのです。少量の添加で放射率が増加することもあれば、ある濃度以上を添加した場合では逆に放射率が低下する場合もあるのです。これはセラミックス同士が相互干渉作用を起こし、互いに強め合ったり、弱め合ったりすることに起因します。

遠赤外線放射体をつくるには、「金属酸化物系セラミックス」のタイプとステンレスなどの表面に金属酸化物を熔射（蒸着）加工した「熔射」タイプ、それに発熱体を「コーティング」するタイプの三種類があります（図3－14）。

セラミックをどれくらい飲んだら暖かくなりますか

余談になりますが、「セラミック」というと、私がどうしても思い出すのは、「セラミックをどれくらい飲んだらからだが暖かくなるのか」と真顔でたずねられたことです。ちょうど遠赤外線ブームの始まりのころで、『遠赤外線の時代』（一九八七）を出版したころのことでした。さすがに、私はことばを失ってしまいました。

もうひとつは、セラミックの説明のあと、「遠赤外線はセンサーにも利用されていて、気象衛星の『ひまわり』にも積まれているんですよ」といった先に、「どうして石ころが先端技術になるの？」「どうして石ころが通信に使われるの？」とけげんな表情で見つめられたこともありました。どうやら彼のイメージは、「セラミックス＝センサー」という図式らしいのです。

いまとなってはマンガのような話ですが、遠赤外線の問題を三十二年も追いつづけていると、いろんな人がたずねてきて、いろんなことがあるものです。

第4章　遠赤外線の健康科学

遠赤外線と生体

人間のからだは六〇%が水

この章では、遠赤外線がどこでどのように人体に吸収され、どのようにして熱に変わり、そしてその情報がどこで感知され、さらには生体においてどのような作用・効果をもたらすのか。それをみていきたいと思います。

「水は生命の源」といわれますが、私たちのからだは成人男性でおよそ体重の六〇%が水からできています。この体内にある水分を「体液」と呼んでいます。女性の場合、体液は男性の八割ほどです。あの女性らしいプロポーションは脂肪のなせるわざですが、脂肪（組織）にはほとんど水分が含まれていないために、体液の量が少ないのです。

体液には、血液のようにからだの中を自由に動く水（自由水＝細胞外液）と細胞内に固定されている水（細胞内液）があって、体液のおよそ三分の二が細胞内液で、残りが細胞外液です。「細胞内液」は、生命活動の基本となるさまざまな「代謝」の場となっています。

一方の「細胞外液」は、細胞が生きるための環境をつくりだしています。そのため「内部環境」とも呼ばれます。

体液は年齢とともにしだいに減少していき、新生児のときがもっとも多く、体重の約八〇％もが水分です。これは細胞外液が多いためです。体液の占める割合は四歳くらいで成人とほぼ同じ比率（六〇％）になります。一方、老人になると体液が減ってきて、およそ体重の約五〇％ぐらいまで減少します。これは加齢とともに細胞内液量が減っていくためです。

遠赤外線と水

人間のからだは六〇％が水からできているといいました。では、そのからだの水と遠赤外線はどのような関係にあるのでしょうか。

まず、水は「H_2O」という化学式で表されるように、一個の酸素原子（O）と二つの水素原子（H）からできています。その構造は、酸素原子を真ん中に約一〇四度の角度で左右に開くように二つの水素原子が「格子」によって結合しています。この結合を「O—H結合」といいます（**図4－1**）。

水分子には三つの固有の振動があります。一つは、酸素の両側の「O—H結合」が同時

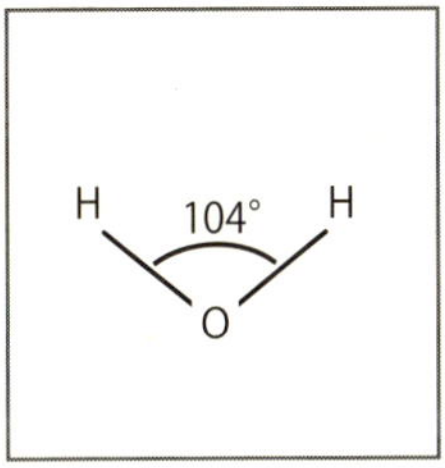

図 4-1　水の構造

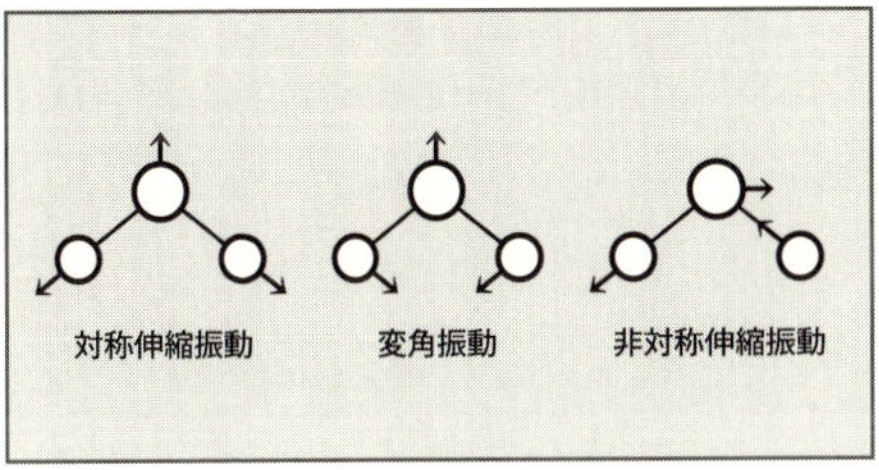

図 4-2　水分子の基準振動

に伸びたり縮んだりする「対称伸縮振動」。もう一つが、一方が伸びたときにもう一方が縮む「非対称伸縮振動」。そして三つ目が、酸素を中心に二つの結合水素が互いに反発したり引き合ったりする結果、「H—O—H」の結合角度が約一〇四度を基準に開閉する「変角振動」です（図4−2）。

　この三つの振動を、水分子の「基準振動」といいます。この三つの振動を波数単位で表すと、それぞれ「3656cm^{-1}」「3756cm^{-1}」および「1594cm^{-1}」となります。これをミクロンに直すと、それぞれ「二・七四ミクロン」（対称伸縮振動）、「二・六六ミクロン」（非対称伸縮振動）、「六・二七ミクロン」（変角振動）となります。

　これらの三つの振動が「遠赤外線」に対する「水の共鳴波長」になります。図から三ミクロンと六ミクロン付近で、遠赤外線が特異的に吸収されることがわかります（図4−3）。

　では、遠赤外線はこの三つの波長だけに特異的に吸収されるのでしょうか。残念ながら話はそう単純ではありません。まず、

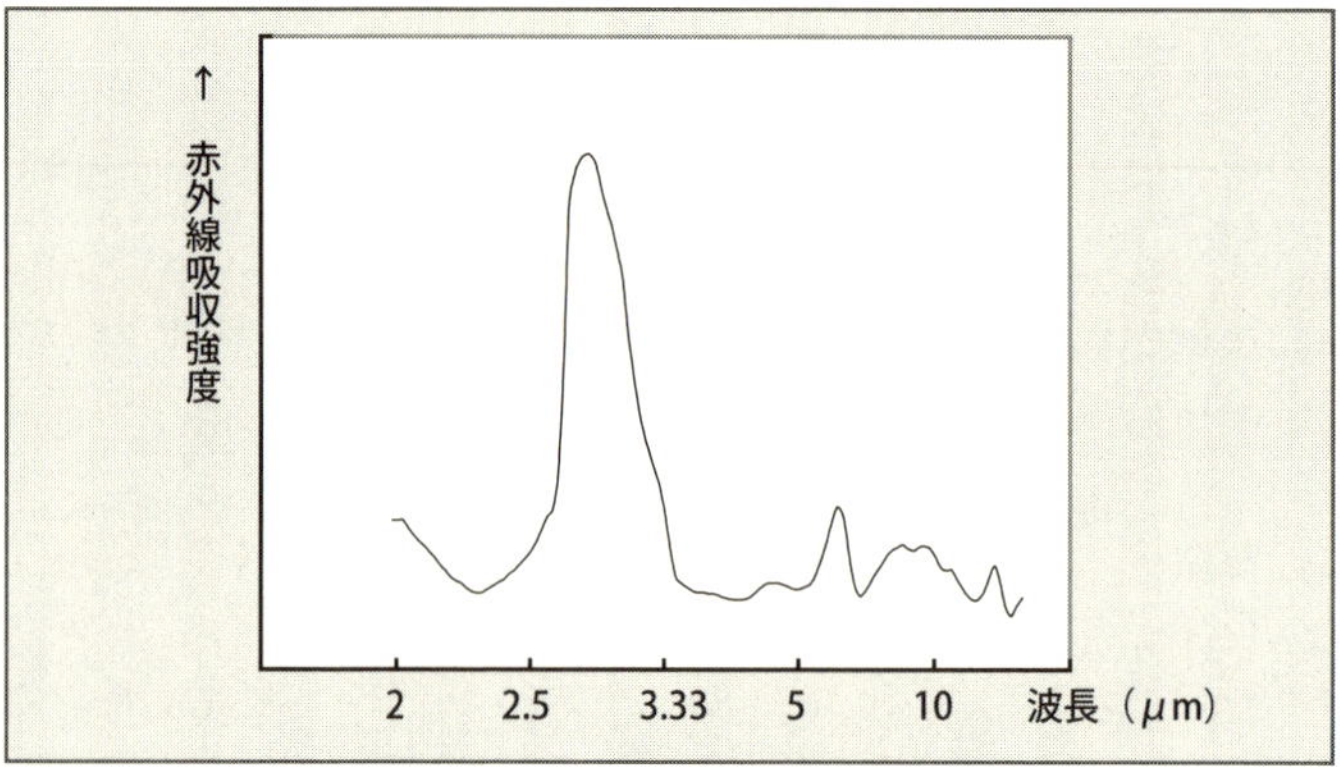

図4-3　水（H_2O）の赤外線吸収スペクトル

もし遠赤外線がこれら三つの波長のみに特異的に吸収されるとしたら、それは水が単一分子の状態にあるときだけです。しかし実際には、水は決して単一分子として存在することはありません。**図4−4**に示したように、水はつねに最低五個以上の分子集団、クラスターをつくって存在しています。

水は動的構造をもっていて、絶えず大きな集団をつくったり、壊したりして、静止することなくダイナミックに動いています。しかも、ある一つの構造が保たれている時間は10^{-12}秒（ピコ）という、きわめて短い瞬間にすぎません。

水は「固体」もしくは「液体」のときには複数の水分子が「水素結合（O−H結合）」という結合の仕方でクラスターとなっています。

そして、この水のなかに含まれている多数の

「O—H結合」の相互作用の結果、クラスター（集団）としての水には多種多数の「振動パターン」が現れます。しかも、水分子はつねに動き回っていて、その速度も向きも多種多様です。

したがって、遠赤外放射を吸収する振動数もわずかずつ異なってきます。つまり、水が吸収する波長というのは、三つの「基準振動」だけでなく、それらを中心にして多少の幅があり、その幅はさまざまに変化するということになります。

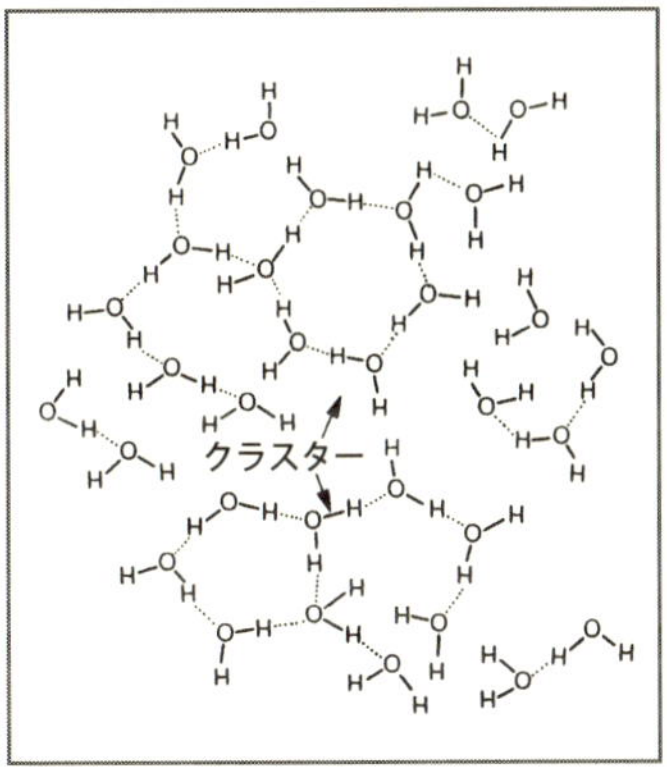

図 4-4　水の構造とクラスター

さらにもうひとつ、水には必ず「厚み」があるということを忘れるわけにはいきません。なぜなら、この水の「厚み」が遠赤外線と水の共鳴・吸収におけるもっとも重要な要因となるからです。この「厚み」によって、エネルギーが減速されたり、方向を変えられたり、あるいは加速されたりして、入射時のエネルギーとは異なったものに「変化」するからです。

図4－5に「水の厚さ」（水層）と遠赤外線の「吸収率」との関係を示しました。透過率が〇％ということは、吸収率が一〇〇％ということです。

この図からも明らかなように、水分子の基準振動数に相当する三ミクロン付近と六ミク

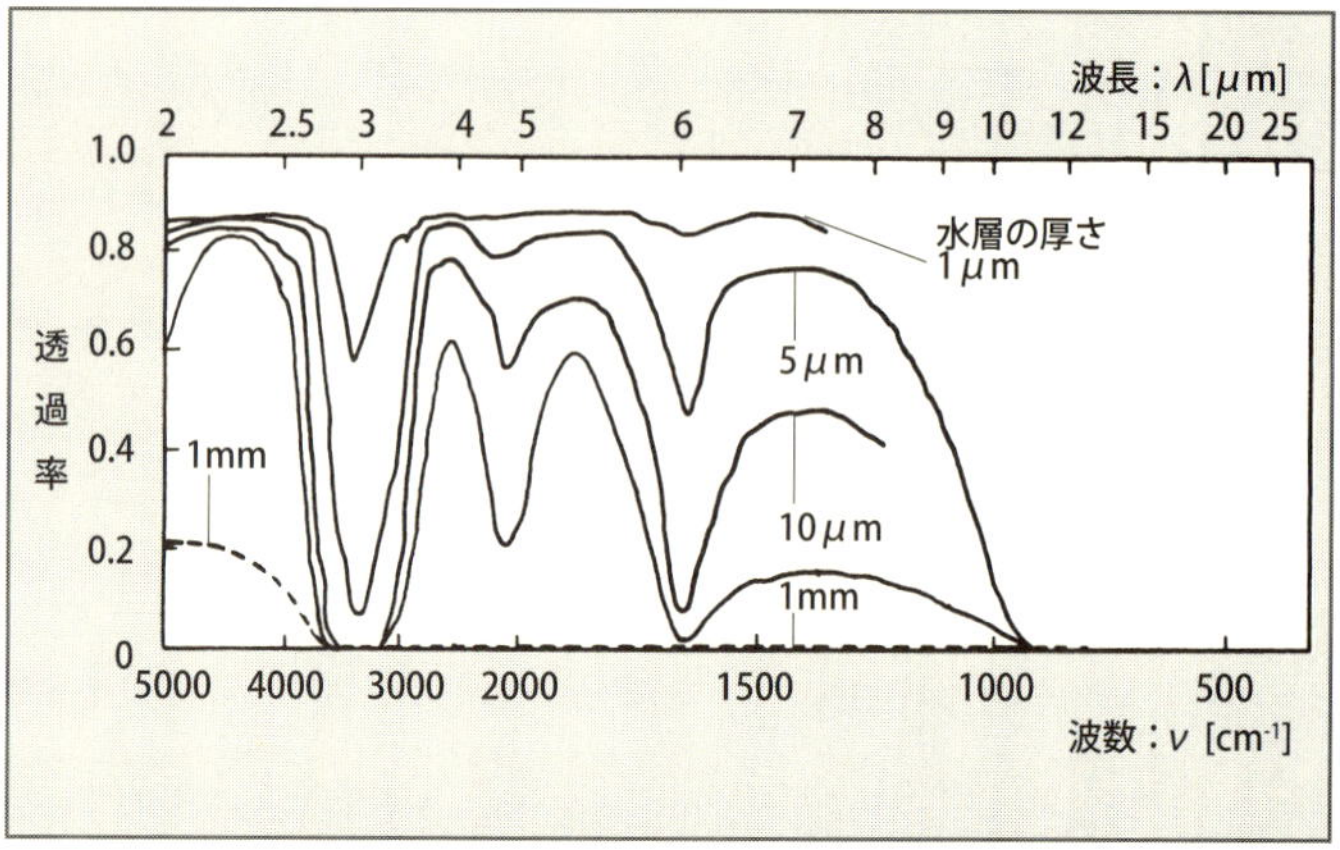

図 4-5　水の厚さと遠赤外線の透過率（清水ら）

ロン付近の吸収が顕著なのは、水の厚さが五～一〇ミクロンぐらいまでで、水の厚さが一ミリ以上（図の下方の点線）になると、三ミクロン以上の遠赤外線はほぼ一〇〇％吸収されることがわかります。

皮膚の構造と機能

これまで示したデータから、水と遠赤外線は非常に親和性があり、水が遠赤外線を吸収しやすい物質であることがわかりました。では、人体において遠赤外線はどこで、どのように吸収されるのでしょうか。

皮膚はからだ全体をおおって、外界からの刺激や障害から身体内部の諸器官を保護している特殊な器官で、その面積は成人で一・六平方メートル（㎡）、重さは体重の約一六％という人体最大の臓器です。

皮膚はきわめて複雑な生理機能をもっています。

① カビや細菌などの微生物の侵入を防ぎ、物理・化学的な刺激から生体を守る。

② 水分が逃げないよう保水性に富む。

③ 温度と圧に感受性のある重要な感覚器を包含し、感覚器としての役割を果たす。

④ 体温を調節する。

など、生命を維持するための必要不可欠なさまざまな機能をもっています。

皮膚の厚さは、人体の部位や年齢、人種によって差はみられますが、日本人の場合、平均して〇・三〜三ミリといわれます。

皮膚は、**図4-6**に示したように、外層の「表皮」と内層の「真皮」から構成され、その割合は表皮が五％、真皮が九五％です。この部位が遠赤外線の吸収と深く関わってきます。

表皮は、〇・一〜〇・三ミリほどの厚さで、角質層、淡明層（あるいは透明層）、顆粒層、有棘層、基底層から構成されています。表皮を構成する細胞には二種類あります。一つはケラチンをつくる「ケラチノサイト」、もう一つは皮膚色素をつくる「メラノサイト」です。

メラノサイトは承知のとおり「メラニン」をつくる細胞であり、紫外線（二八〇〜四〇〇ナノメートル）を吸収して、皮膚を炎症から防御するとともに細胞核の「遺伝子」を保護し

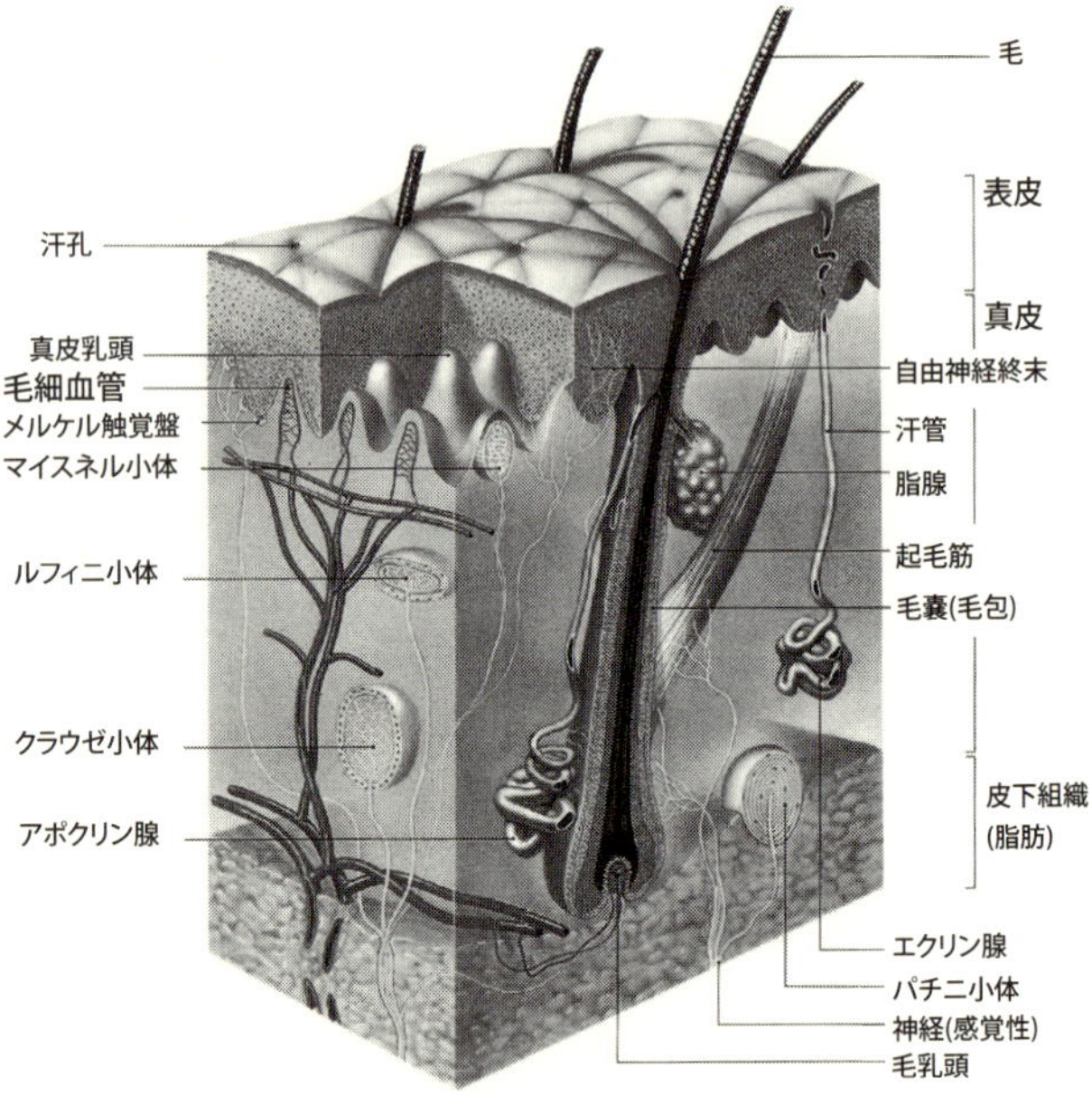
毛
表皮
真皮
汗孔
真皮乳頭
毛細血管
メルケル触覚盤
マイスネル小体
自由神経終末
汗管
脂腺
起毛筋
毛嚢(毛包)
ルフィニ小体
クラウゼ小体
アポクリン腺
皮下組織
(脂肪)
エクリン腺
パチニ小体
神経(感覚性)
毛乳頭

図 4-6　皮膚の構造

ています。

角質層は皮膚のなかでも重要なバリアゾーンとなっています。水をはじき、細菌やウイルス、その他の異物が侵入するのを防いでいます。角質層は七〇％のケラチンと二〇～三〇％の水分を含んでいて、このケラチンは上皮の角質を形成しますが、落屑・生成過程で「ケラトヒアリン」という物質を形成します。このケラトヒアリンは「光線」を強く屈折させる作用をもっています。

有棘層の細胞は、トゲ（棘）のような細胞突起が放射線状に伸び、互いに連絡しあって栄養を送っています。この細胞間には、上皮リンパ液が流れ、表皮の栄養をつかさどっています。表皮には血管がないため、基底層の間を流れてきた体液がリンパ液となって、細胞に栄養を送る仕組みになっています。

表皮の最下部にあるのが基底層です。基底層は、一列の円柱細胞と色素形成細胞からできています。円柱細胞の上部には常時メラノサイトが含まれていて、その量の多少が美しい肌、荒れた肌、白い肌、黒い肌などさまざまな肌色をつくりだしています。

また基底層には、皮膚の免疫に重要な役割を果たしている「ランゲルハンス細胞」があります。この細胞は体内に侵入した異物を見つけだす働きがあり、皮膚アレルギーの発症にも関係しています。

基底層は、表皮細胞を新生させる母体であり、この層が破壊されないかぎり、どんな障害を受けても再生し、回復を遂げるという特徴をもっています。

真皮は皮膚の大半（九五％）を占め、その厚さは二〜三ミリしかありませんが、そこには血管やリンパ菅、何種類もの感覚受容器、皮脂腺、汗腺などがおさまっています。真皮は主に線維性結合組織からなり、真皮の七〇％がコラーゲンで占められており、真皮層が皮膚に弾力を与えています。皮膚に栄養や水分を補給したり、皮膚の新陳代謝を維持したりするのも真皮層の役割です。

真皮にはさまざまな刺激を受け止める感覚受容器があります。皮膚感覚には触覚（何かが接触している）、圧覚（押されている）、痛覚、温覚、冷覚などがあり、それぞれに異なった種類の受容器が対応しています。

たとえば、触覚にはマイスナー小体、圧覚にはパチニ小体、温覚にはルフィニ小体、冷覚にはクラウゼ小体、痛覚には自由神経終末のポリモーダル受容器や高閾値機械受容器などが対応しています。ただし、温覚や冷覚は自由神経終末も感知するなど、感覚受容器の役割は重複している部分もあるなど、かなり複雑です。

汗腺は熱に反応して汗を出す器官で、汗が皮膚から蒸発すると体温が下がります。汗腺には分泌様式の異なる「エクリン腺」と「アポクリン腺」があり、放熱の手段としての発汗は主に「エクリン腺」によって行なわれます。皮脂腺は皮脂を分泌し、皮膚をうるおいのある柔軟な状態に保つ働きとともに、異物に対する保護膜としての働きがあります。「皮下組織」(脂肪層)は、真皮のさらに下にある組織で、多量の皮下脂肪が蓄えられていて、いわばエネルギー貯蔵庫の役割をしますが、一方で外部からの障害をやわらげるクッションの役目と体温の放散を防ぐ役割も果たしています。

遠赤外線は人体にどのように吸収されるのか

遠赤外線は別名「熱線」とも呼ばれるように、生体に対する主な生物学的効果は、その温熱作用にあります。この温熱作用は、遠赤外線の周波数が物質を構成する分子の固有振動数と同範囲にあるため、遠赤外線の照射によって「共鳴・吸収」が起こり、熱運動が励起されて温度の上昇を招くことによって起こります。

そこで、遠赤外放射が人体に入射するときは、まず「皮膚との相互作用」を考慮しなければなりません。**図4−7**に、ひとの皮膚での主な光学的経路を示しましたが、生体組織は不均一であるため、入射した電磁波は吸収されるとともに、反射ないし散乱されます。

皮膚に照射された電磁波は必ずしもそのすべてが吸収されるわけではなく、反射したり、

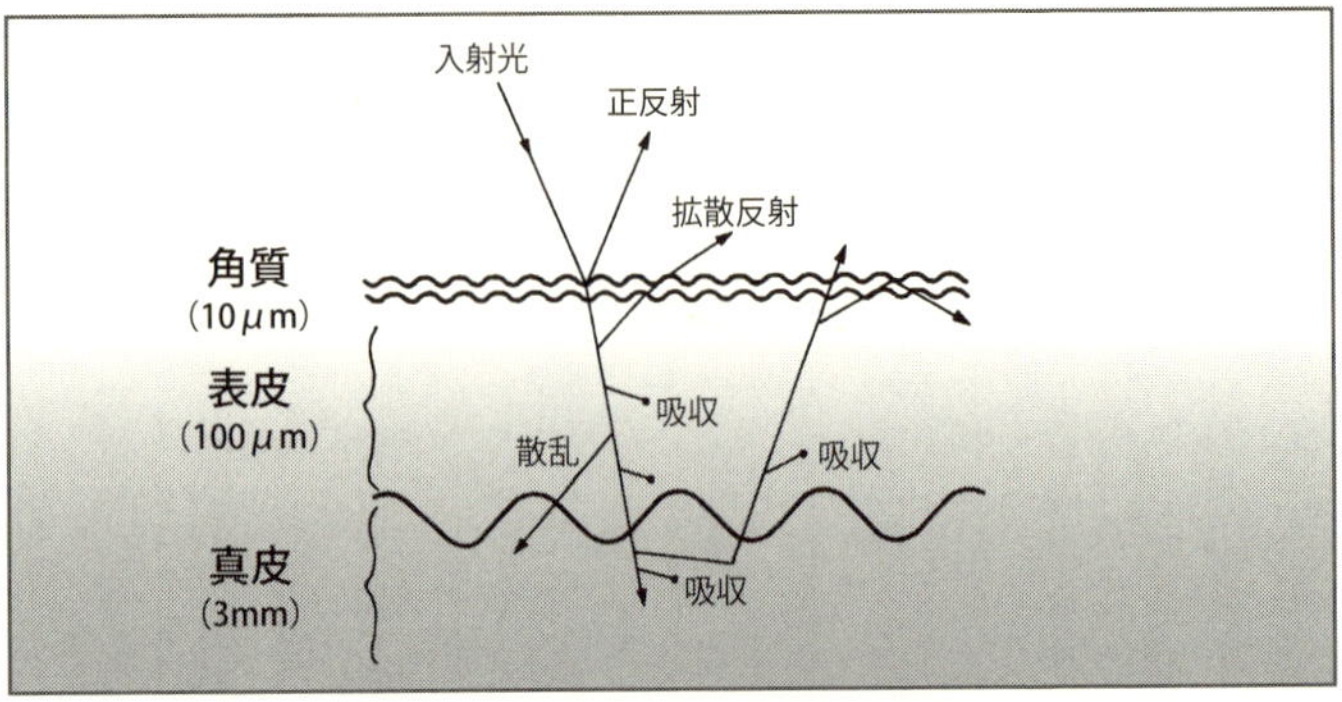

図 4-7　人体の皮膚の光学経路（菊地）

散乱したりする部分もあります。そして、皮膚に吸収された電磁波は皮膚の組織内で「熱エネルギー」に変換されます。

つまり、遠赤外線による生体への熱作用は、電磁波のエネルギーの吸収によって組織温が上昇するために起きる作用だということができます。そして組織内の感覚受容器を刺激し、温熱感や痛感をもたらします。

では、遠赤外線は皮膚のどこで吸収されるのでしょうか。

まず、どの波長がもっとも皮膚を透過するのかということから検討してみましょう。

図4―8はハーディー（Hardy）の人体の皮膚（厚さ一ミリおよび一・四ミリ）透過スペクトルです。この図からいえることは、二ミクロン以上の波長域の皮膚透過率は一〇％以下であるということです。ということは、入射した遠赤外線の九〇％以上が皮膚表面で吸収

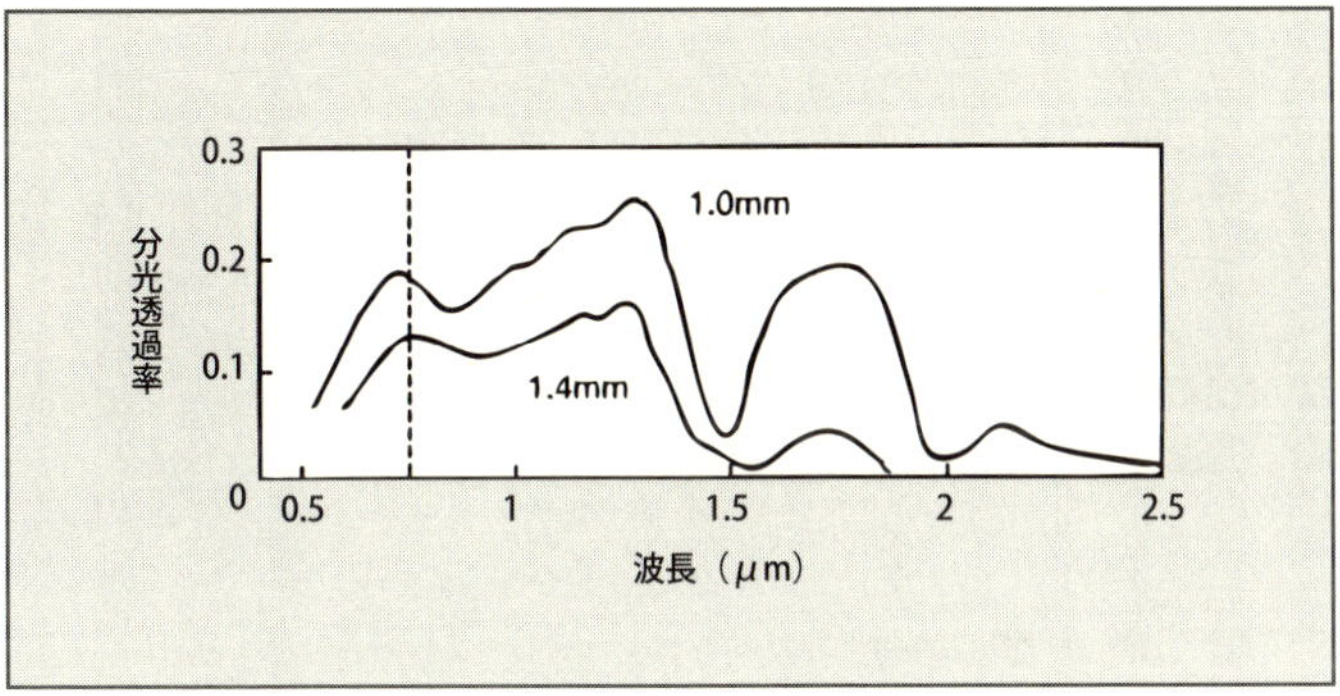

図 4-8　人体の皮膚に対する赤外線の透過性（Hardy ら）

されてしまうことを示しています。これは前述した、水の厚さが一ミリ以上になると、三ミクロン以上の遠赤外線はほぼ一〇〇％吸収されることと一致します。

これに対し、短波長域の近赤外線（〇・八～二・〇ミクロン）の皮膚の分光透過率は比較的高く、入射した近赤外線は皮膚組織内で徐々に吸収されて深部まで到達することを、この図は示しています。

図4－9は白人と黒人の皮膚の反射率を見たものです。可視光線に隣接する近赤外線領域にある〇・八～一・二ミクロンの波長域で反射率がもっとも高く、とくに白人の皮膚では高い値を示しています。しかし、熱交換に重要な三～二〇ミクロンの長波長領域では、肌の色に関係なく、入射した波長の九〇％以上が、皮膚表面で吸収されています。

このデータは、入射した長波長成分（三～二〇ミクロン＝遠赤外線）は、そのほとんどが表皮内で、主として「水分」に吸収されて熱エネルギーに変換されることを意味しています。

図4－10は、三〇ミクロンの厚さに切除した表皮に赤外線を照射したときの透過率を見たものです。上が乾燥時の場合で、下が湿潤時の場合です。湿った表皮は、乾燥した表皮よりも長波長成分を透過しないことがわかります。つまり、湿った表皮のほうが遠赤外線を良く吸収することを、この図は示しています。

この図をよくみると、**図4－5**とよく似ています。**図4－5**と同様に、三ミクロンと六ミクロン付近で特異的に吸収されています。このことは、三ミクロン付近の水分子の「O—H伸縮振動」と六ミクロン付近の「H—O—H変角振動」に基づく吸収のピークが認められるという水の「共鳴波長」を裏付けたことになります。

以上の結果は、生体では短波長成分は皮膚組織中で徐々に吸収されて、比較的深部にまで浸透するが、長波長成分は皮膚表面から二〇〇（〇・二ミリ）ミクロン以内のいわゆる真皮の上層で完全に吸収されてしまうことを示唆しています。

それを裏付けるデータが、**図4－11**です。これは赤外線照射に対するひとの生体皮膚の透過深度をみたもの（一九八六）ですが、赤外線の「皮膚浸透深度」は、〇・八～一・五ミクロンの近赤外線波長域では一・〇～六・〇ミリと深いのに対し、一・五ミクロン以上の波長域（中赤外線・遠赤外線）では〇・四ミリと比較的浅く、とくに水での吸収が最大となる

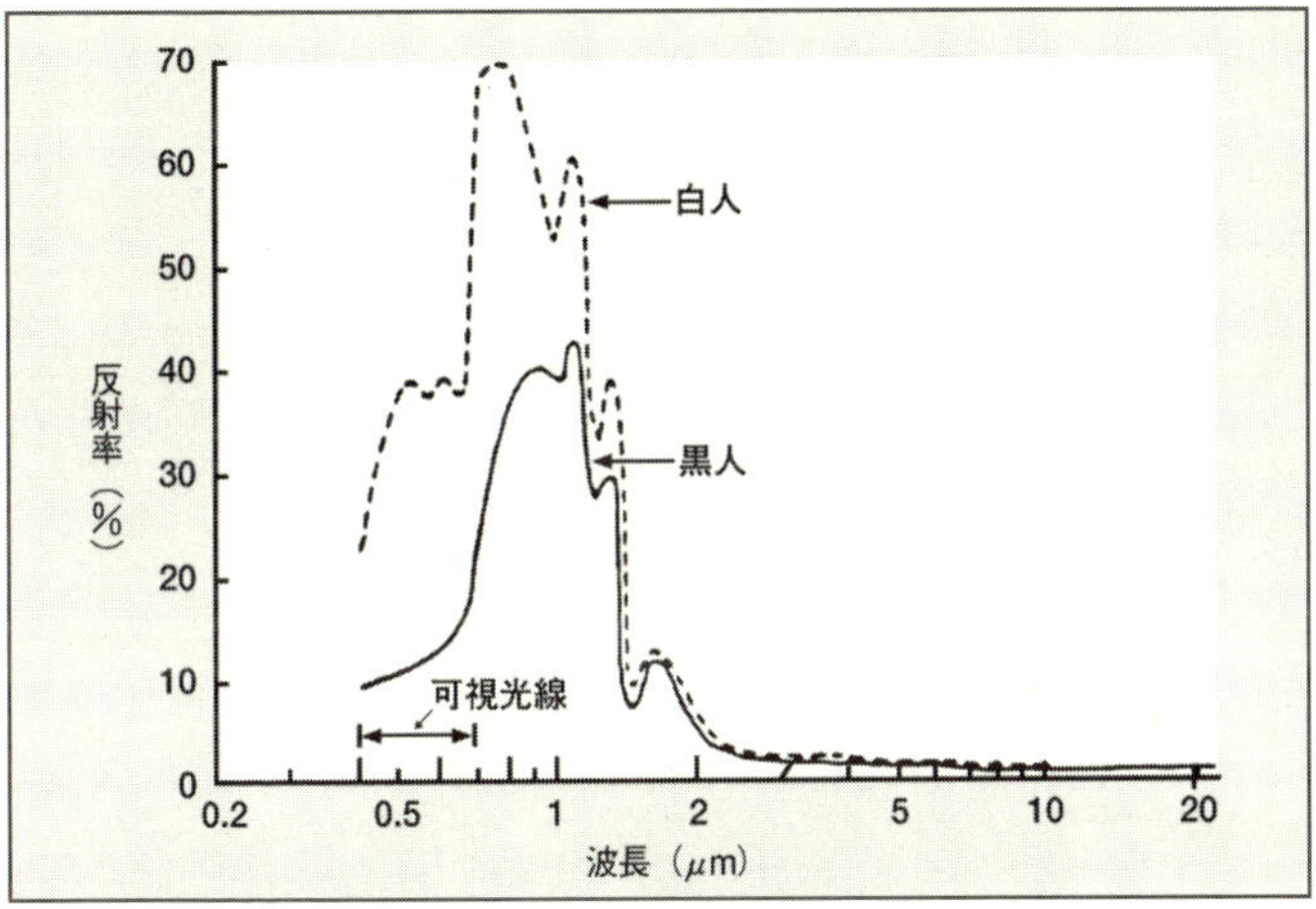

図 4-9　白人および黒人の皮膚の分光反射率（Hardy ら）

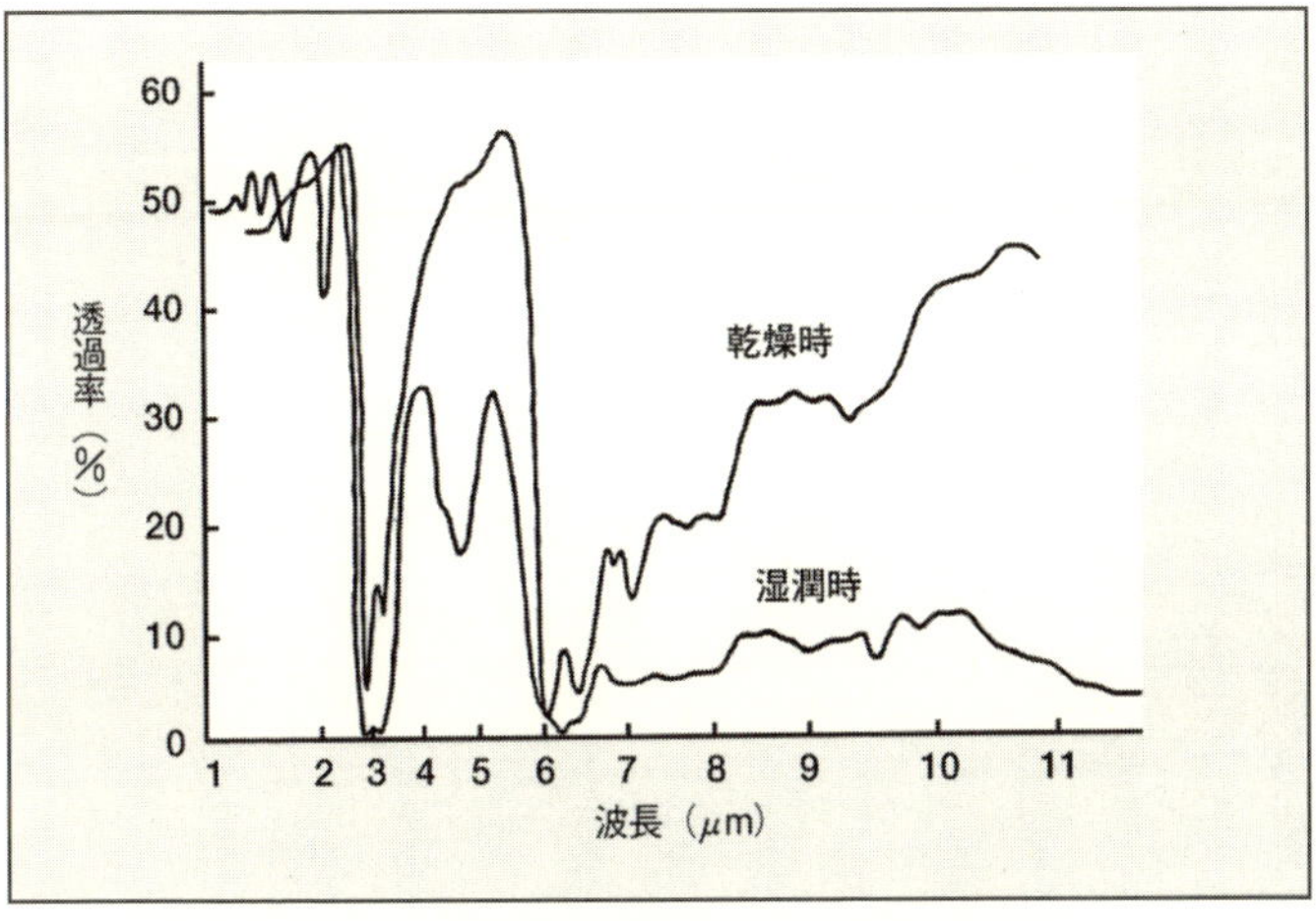

図 4-10　赤外線照射に対するヒトの皮膚の透過性
切除表皮片（30μm厚）の分光透過率（Hardy &Muschenheim）

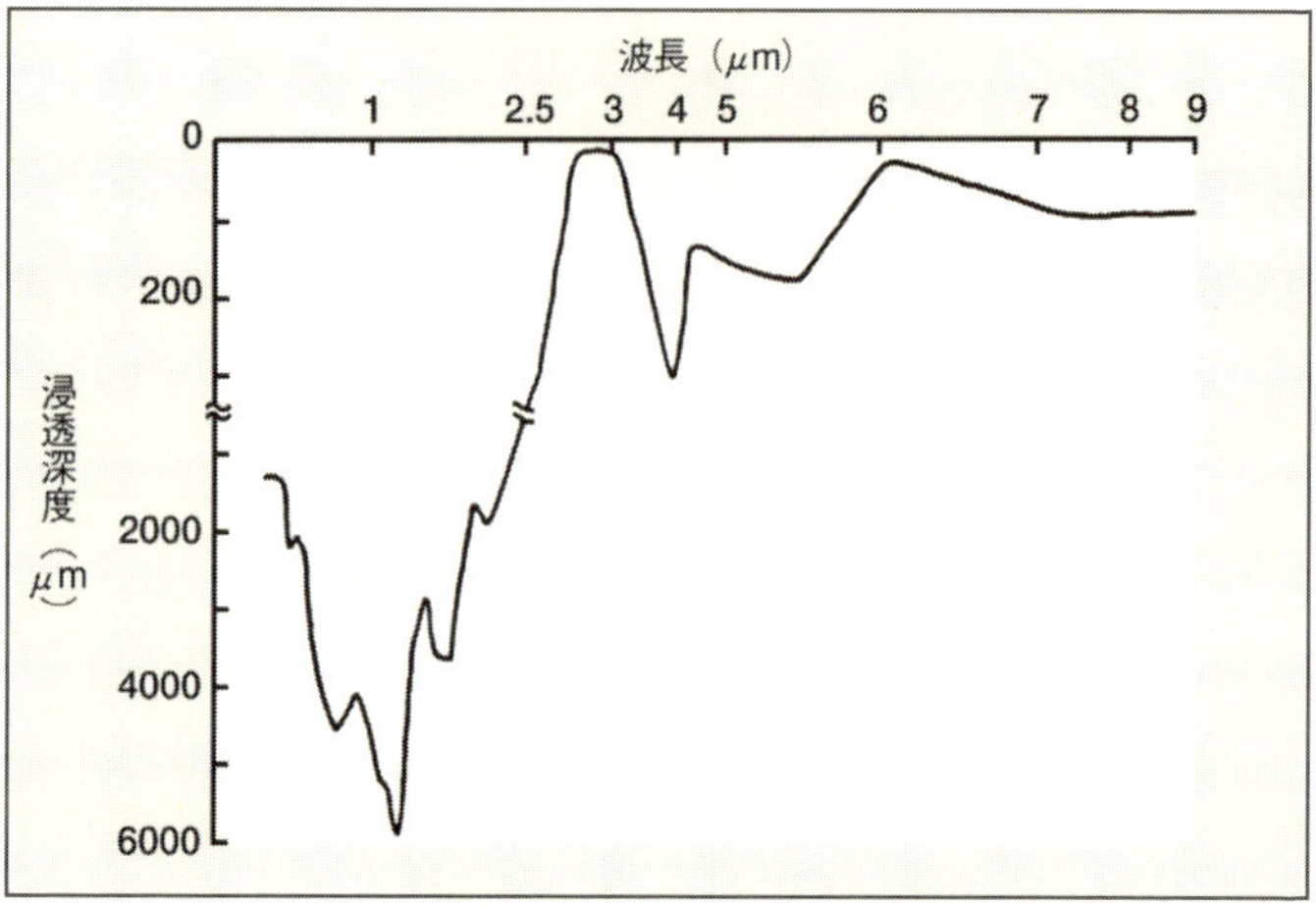

図 4-11　赤外線照射に対するヒトの皮膚の透過性
生体皮膚の分光浸透深度（Terada）

三ミクロン付近では浸透深度はもっとも浅く、約〇・〇〇四ミリであったとの報告（Terada）がなされています。

このことは、長波長の遠赤外線域を皮膚に照射したとき、皮膚表面で測定する皮膚温の上昇速度は、短い波長域のものにくらべて、きわめて速いことを示唆しています。いずれにせよ、これらのデータから、三ミクロン以上の遠赤外線は、皮膚の表皮および真皮層内ですべて吸収され、熱に変換されるということができます。

以上のことからいえば、世間でよくいわれる「人体は三ミクロンと六ミクロン、一〇ミクロンの遠赤外線だけを選択的に吸収する」といった波長選択説は、**図5－10**の、非常に薄い、しかも湿った皮膚の透過スペクトルのデータを根拠にした、誤まった解釈であるということができます。

遠赤外線は「吸収されやすく」「深部まで達する」か

これまで、遠赤外線と生体に関しては多くの誤解がなされてきました。その最たるものは、遠赤外線は人体に対して「吸収されやすく」「深部まで達する」というものです。

たしかに、遠赤外線は皮膚の表皮および真皮層では吸収されやすいのは間違いありません。しかし、遠赤外線はそこで熱に変換されてしまいます。これでは皮膚の表面からわずか数ミリ程度しか温まらないことになります。つまり、遠赤外線は身体の深部まで「吸収される」わけでも「達する」わけでもないのです。

それではなぜ、前述のような誤解が生じたのでしょうか。いくつかの理由が考えられますが、そのひとつに人間の熱に対する「温感」という主観的な感覚と、物理的な「皮膚透過力」という客観的事実が別々に扱われ、それぞれが一人歩きしてしまったということがあります。

それでは「穏やか」に「身体の芯から温まる」という現象を、遠赤外線は身体の表面しか温めないという事実と重ね合わせて、科学的にどのように説明すればよいのでしょうか。

その答えはまず、皮膚で生じた熱が血液循環と熱伝導によって、表皮・真皮→皮下組織→筋肉層→内臓・骨格へと、徐々に時間をかけて身体の表面から深部へと伝わり、体内温度を一様にあげていくというメカニズムにあります。このため、人は「芯から温まった」という実感を得るのです。

次に、遠赤外線の熱源はそれほど高温ではないので、時間をかけないと身体の深部まで、一様に温めるために必要な熱量を与えることができません。このことが「温和」に感じたり「穏やか」に感じたりといった実感をもたらすわけです。

ただし、ここで正しく理解する必要があるのは、皮膚表面で温感を覚えることと、芯から温まるということは、それぞれ異なる生理現象と、それによって生じる異なる感覚だということです。

熱は血液によって運ばれる

それでは次に、遠赤外線によって生じた熱が身体の奥深くまで伝わっていく現象を、生体における熱の「伝播」(伝導)と「効率」という生理学的な側面から検証してみたいと思います。

これまで説明してきたように、遠赤外線は皮膚の表面で吸収され、熱に変換されます。変換された熱は血液によって体内のすみずみまで運ばれるわけですが、その主役を担うのが表皮の下にある「真皮層」であり、そこにある「表層静脈叢」です。

それではまず、熱の伝導役である「血液」の役割と働きからみていきましょう。というのは、血液を温めるとさまざまなからだへのメリットがあるからです。

血液は、さまざまなものを「運ぶ機能」を備えた細胞外液ともいえます。血液は体内を循環する体液のひとつで、その八〇%が水分です。血液は、血球（赤血球・白血球・血小板）および血漿からできていて、血漿には水のほか、少量の有機物である老廃物・脂肪酸・糖・タンパク質、コレステロール、それに無機物の電解質であるナトリウム（Na）やカリウム（K）などが溶け込んでいます。

血液の機能を要約すると、次のようになります。

① **呼吸作用**……酸素をからだの細胞のすみずみに届け、二酸化炭素を回収する。
② **栄養作用**……胃や腸で吸収された栄養素をからだの組織に運ぶ。同時にほかの組織に必要な成分を溶かす。
③ **排泄作用**……老廃物の運搬と除去。

④ **調節作用**……からだのpH（水素イオン指数）を一定に保ち、体温を調節し、組織中の水分量を調節する。

⑤ **保護作用**……疾患や外部からのウイルスや細菌に対する白血球による防御をする。また、出血を防ぐための血液凝固を行なう。

⑥ **ホルモンの運搬機能の調節**……内分泌腺から分泌されたホルモンを体内の各組織に運搬する。

人間は約六〇兆もの細胞（二〇〇種類もある）からできているといわれます。この天文学的な数の細胞を支えているのが血液です。血液は体内の組織に酸素・栄養・ホルモン・抗体を供給し、二酸化炭素その他の代謝産物を運び去り、かつ白血球は食作用や抗体産生によって生体防御の役割を果たしています。それによって、私たちのからだは日々細胞を活性化し、生体のバランスを調節し、外部環境から生体は守られているのです。

不思議なことですが、古代ローマでは「血液は循環しない」と考えられていました。血液は肝臓で生まれ、全身に運ばれて消費される。つまり、消えてなくなってしまうものと考えられていました。それをひっくりかえしたのが、近代生理学の先駆者となったイギリスの医学者ウイリアム・ハーヴェー（一五七八〜一六五七）でした。ハーヴェーは一六二八年、「血液循環説」（『動物における血液と心臓の運動について』）を発表し、血液循環の原理を初めて立証しました。発表当時、ハーヴェーは守旧派の学者からものすごい批判を受けたといわれます。科学には、つねにこうした「異端」という宿命がついてまわります。しかし、なかには異端から常識へ、そして定説となっていくのもたしかです。

遠赤外線は加温の効率が高い

さて、生体における熱の「伝播」（伝導）と「効率」という生理学的な側面からみると、熱をからだ全体に伝えるのには「血液循環」を介して行なわれるのがもっとも効率のよい方法です。

皮膚は、表面の血管のない「表皮」と、豊富な血管が入り組んでいる「真皮」からできています。真皮にはたくさんの血管が入り込み、それらが互いに網のようにつながりあって「血管網」を形成しています。

体表にはこの血管網が三～四層重なり合っており、これに細動脈からきた多量の血液が流れ込み、次いで、再び合流して細静脈に入り、心臓に戻ります。その結果、体内の「熱」は血液を介してこの血管網から体表に放散され、また逆に体表からの外熱は表皮を通して、

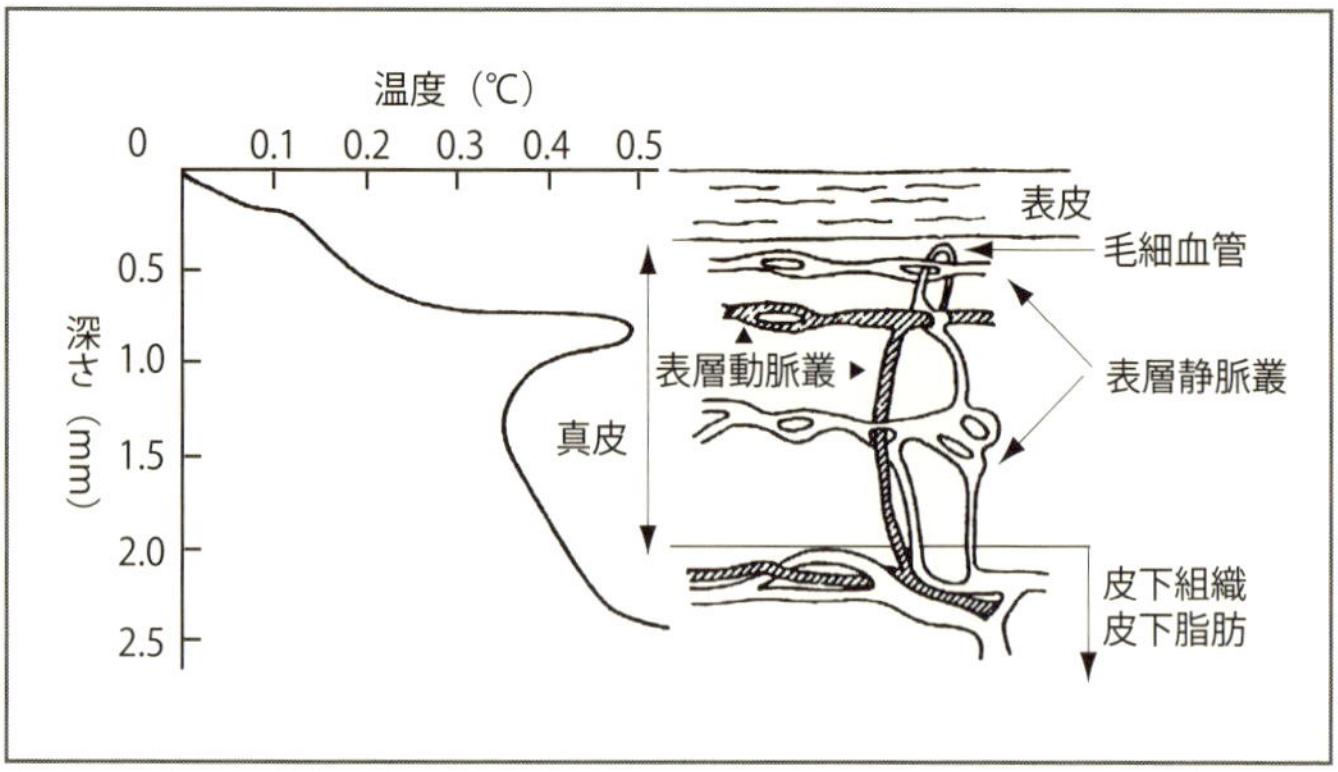

図 4-12　皮膚の表面血管と温度勾配の関係
温度は表皮表面を 0 としてこれの差で毛細血管以下を示してある

この血管網内の血液に伝えられ、血液が体中を巡って体内を温めるわけです。

このように、皮膚の血管網は「熱交換器」として都合のよい役割を担っています。そして温熱によってからだが温まるのは、このような血管網を介して温められた血液が、全身を巡って熱を体中に伝えるからなのです。

図4−12は、皮膚の温度が表面からの深さによってどのように変わるかを示したものですが、温度は〇・八ミリの深さでもっとも高く、これより深くても浅くても低くなることがわかります（図左）。

〇・八ミリより深いところで温度が下がるのは、皮膚表面から戻ってくる静脈血が動脈血より温度が低く、動脈血が冷却されることによります。このような変化が見られるのは、皮膚の表層における動脈と、静脈の存在部位の位置が「対向流」の関係にあるためであり、身体の中心部に戻る静脈血に、動脈血から温度が与えられるためです（図右）。

すなわち、どんな加温方法であれ、その深さ、部位に熱が生じれば、それは「伝導」によって表層静脈叢に効率よく伝わり、最終的にはからだの中心、「核心」に戻って行くことになるわけです。

このことからいえば、皮下の深部で熱が産生されることが必ずしもからだの深部（核心）を効率よく温めることとはならない。かえって、皮膚表面からの深さが〇・八ミリ程度の部位で熱となるほうが、効率よく熱を深部に伝えるということになります。

これを遠赤外線と近赤外線との比較からみてみましょう。近赤外線は皮下およそ一・五〜五・〇ミリまで透過します。これでは〇・八ミリのところにある表層静脈叢を通り越してしまい、効率よく熱を伝えることはできません。

一方の遠赤外線は、およそ一ミリ以下の真皮層で吸収されます。そこには表層静脈叢があって、熱の伝導効率とピタリと一致します。ここに遠赤外線加温の大きな意味を見いだすことができます。

結論すれば、遠赤外線は近赤外線にくらべて生体組織での吸収が大きく、皮膚表面での反射率も小さい。したがって、加温の「効率」が高いということができます。また、表面温度が低いため、単位面積当たりの全放射エネルギーが小さく、同じ放射照度の条件では放射源の面積が大きくなるため、加温の「均一性」が高く、しかも「マイルドな加温」で刺激が少ないといった、他の放射加温にはみられない利点があります。ここに、「なぜ、遠赤外線でなければならないのか」という問いに対する答えがあります。

遠赤外線とからだの変化

体温は脳の視床下部でコントロールされている

ここまで、遠赤外線によって生じた熱がどのように全身に伝達されるかをみてきました。結果として、遠赤外線によって生じた「熱」はすべて皮下の表層静脈叢から血液に伝達され、静脈血を通じて右心房に戻り、さらに肺循環によって肺から熱を放散して、左心室の血温となって全身に送られていきます。からだが温まるのは、このような血管網を介して温められた血液が全身をめぐって熱を体中に伝えるからです。その結果、全身の体温が上昇し、さまざまな身体的変化をもたらします。

では、こうした体温の調節はどのように行なわれ、どのような作用をひき起こし、どのような効果をもたらすのでしょうか。

私たちのからだは六〇兆個もの細胞でつくられていますが、この細胞はすべて一つの原則にしたがって働いています。その原則とは、「恒常性を維持する」ということです。

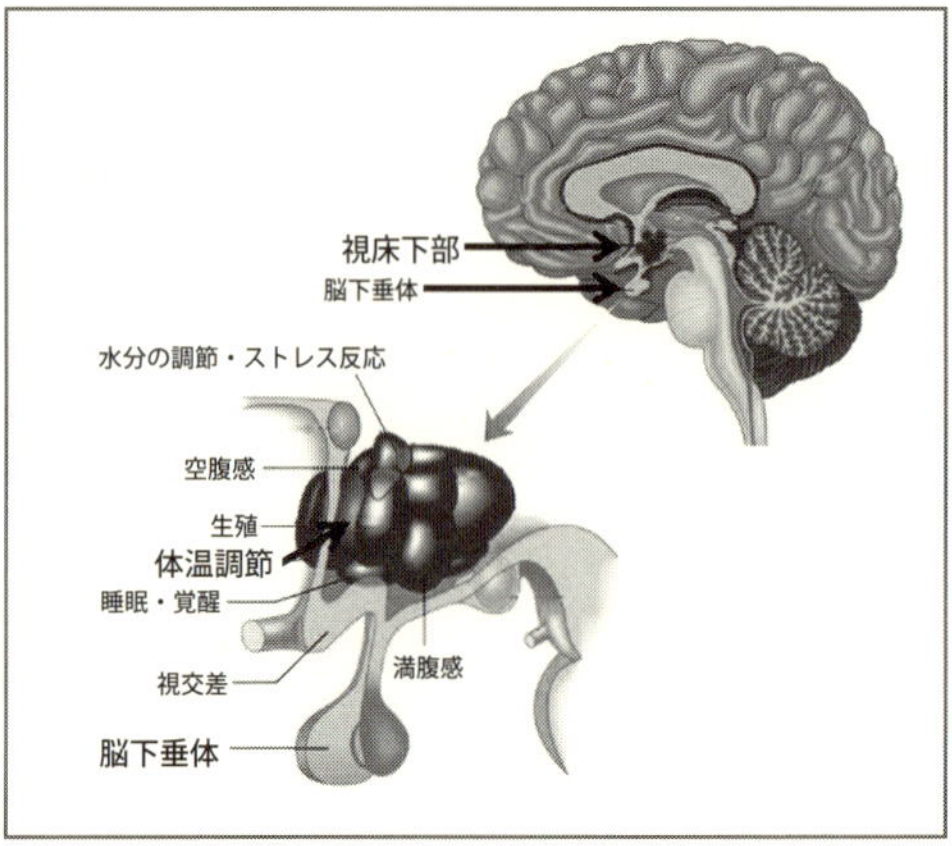

図 4-13　視床下部と視床下部の機能の一部

これを「ホメオスタシス」といいますが、「ホメオ」（homeo）とは「同一」を、「スタシス」（atasis）は「状態」を意味するギリシャ語で、「ホメオスタシス」とは「同一の状態」ということになります。

体温を一定に保とうとするのも、このホメオスタシスの働きによるものです。そしてそれをコントロールしているのが脳の「視床下部」であり、「体温調節中枢」です（**図4−13**）。

この体温調節中枢はエアコンの自動調節機能と似ています。最初に適温が設定されていて、それより気温が上がったり下がったりすると自動的に働いて温度を調節します。体温調節中枢も同じように、セットされた温度（セットポイントといいますが）に向かって、体温の調節をしています。

この体温調節中枢には「神経系」と「内分泌系」という二つのシステムがあり、「神経系」は皮膚（神経終末）から送られてくる情報を素早くキャッチして、「熱を逃がすな」とか皮膚の血管を拡張させて「熱を放出せよ」「汗を出せ」という指示を各器官に伝えます。

一方の「内分泌系」は、ホルモンなどの化学的因子を「放出せよ」をいう指示を出して、からだに変化を起こさせます。

もうひとつ、「視床下部」には大きな役割があります。それは、脳自身をつねに「三七℃」に保つことです。たとえば、私たちが暑い場所で作業をしたり運動したりすると、脳内の温度は四〇℃以上にもなることがあります。四四℃以上になると脳は障害されて意識を失ってしまいます。そうした脳の障害を防いでいるのも脳の視床下部です。

からだを温めるとどんなメリットがあるか

からだを温めると次のような作用・効果があります。

1 **血管拡張作用**……血流増加（酸素・栄養の供給、老廃物・発痛物質の除去）、全身加温では血圧の低下、心拍出量の増加（全身の血流改善）。

2 **コラーゲン線維柔軟化作用**……拘縮の改善、筋・軟部組織の伸展性の増加。

3 **代謝促進作用**……好気的代謝の促進（VO_2、VCO_2）、線溶能の亢進。

4 **末梢神経作用**……快適温度刺激によるリラックス、鎮痛、遠隔部・深部の血流改善（交感性血管拡張）、高温では熱刺激作用。

5 中枢神経作用……視床下部体温中枢刺激による発汗、血管拡張。

6 調整作用……内分泌系への作用、免疫・代謝系への作用。

7 HSP（ヒート・ショック・プロテイン）……生体防御反応

1 血管拡張作用

からだを温めると、まず血管が拡張して血流が増加します。その結果、からだの組織に十分な酸素（O_2）や栄養を供給し、炭酸ガス（CO_2）や乳酸といった「老廃物」を除去します。疲労を効果的に回復させるには、まず「血の巡り」をよくすることがいちばんです。疲れた人の血は粘り気が増し、血の巡りが悪くなります。血をサラサラにして、循環をよくすれば、老廃物をすばやく取り除くことができ、十分な酸素と栄養を届けることができます。脳はほかの臓器の一〇倍もの酸素を使いますから、その効果はとくに大きいものとなります。

また炎症を軽減し、キニン、トロンボキサンなどの「発痛物質」を除去する働きがあります。とくに全身加温による効果は大きく、血圧の低下、心拍出量の増加をひき起こして、全身の血流を改善します。その結果、臓器の好気的代謝の促進、老廃物の除去による疲労回復効果、発痛物質の排出による筋の痛みの改善、結合組織のこわばりの改善などの効果があります。

②コラーゲン線維柔軟化作用

からだを温めると、コラーゲン（膠原質）線維が柔軟になります。その結果、筋膜・腱・じん帯・関節といった筋や軟部組織の伸張性が増し、こわばりが改善され、可動域が広がります。からだを動かさなかったり、年をとってくると、こうした筋や軟部組織の弾力性が失われて、運動機能が低下してきます。それは、結合組織のコラーゲン線維が硬くなってしまうからです。遠赤外線などで温めると、結合組織の回復力を著しく高めて、拘縮が改善されます。それと同時に可動域訓練を一緒に行なえばさらに効果は高くなります。

③代謝促進作用

からだを温めると、組織の代謝（化学反応）をすべて亢進させます。一℃の体温の上昇で、約一三％の組織代謝亢進が起こります（van't Hoffの法則）。代謝の亢進は、血流の改善とあいまって、好気的代謝（VO_2、VCO_2）を促進させ、ＡＴＰ（アデノシン三燐酸）の産生を高め、エネルギー消費を高めます。

また、線維素溶解能（線溶能）を高め、これを増強します。その結果、血栓が分解されます。この線溶能は、血中にある「プラスミン」（タンパク質分解酵素）という酵素の働きによります。プラスミンは、プラスミノーゲン活性化因子（ｔ－ＰＡ）とプラスミノーゲン活性化因子阻害因子（ＰＡＩ－１）という二つの物質によってうまくコントロールされています。つまり、一方が血が固まらないように働き、そして一方が血を固める（血液凝固）ようにバランスよく働いているのです。そのバランスが崩れると「血栓」ができてしまうことになります。この「線溶能」が、からだを温めると増強することが知られています。

④末梢神経作用

気持ちのよい快適な温度刺激は、自律神経の副交感神経を刺激して、心身をリラックスさせ、筋肉の緊張を緩和します。また血流をよくし、脂肪を効率よく燃焼させ、冷えを改善し、基礎体温を上げます。たとえば低温のお風呂（四二℃以下）では副交感神経優位となっ

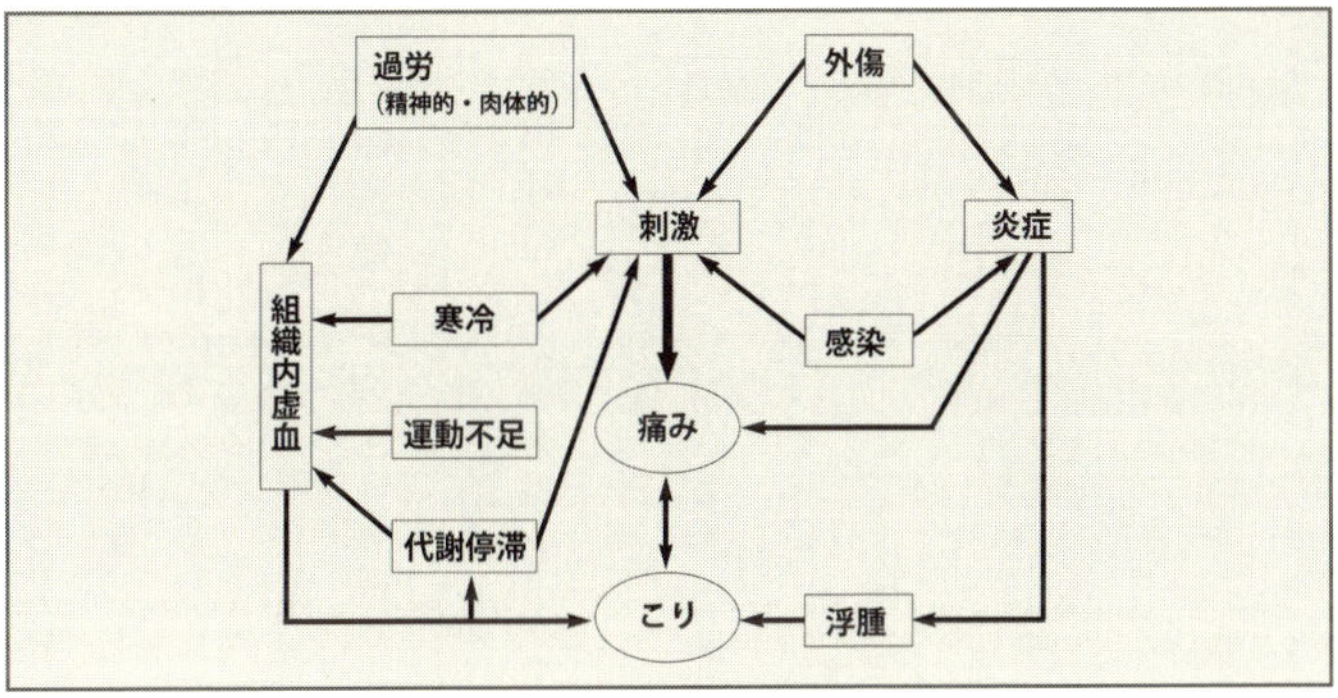

図 4-14　こりと痛みの発症機序

て、眠気を生じ（催眠）、脈拍数が減少し、血圧が低下し、胃液分泌が亢進します。反対に、高温湯（四二℃以上）は交感神経優位となり、精神を高ぶらせ、脈拍数を増加させ、血圧を上昇させます。

ストレスや運動不足など、さまざまな原因によってひき起こされる末梢の皮膚血管障害と、それによる新陳代謝の停滞が筋肉の拘縮とこわばりをきたし、それがまた血流障害を助長する。そして、ついには痛みを起こし、これがまた筋肉のスパズム（けいれん）をひき起こして血流を障害する、という悪循環が成立することになります。

そのメカニズムを**図4－14**に示しました。

からだを温めると、こうした痛みの悪循環を断ち切るのに役立ちます。血管拡張と血流の増加はからだの組織の代謝を活性化し、またその強力な老廃物の排泄作用によって、骨関節、筋、神経痛、腰痛などの症状、また肩こりや結合織炎、打撲、挫傷などの症状も改善します。

また、トーヌス（緊張）の高まった筋肉は、循環障害や疼痛を伴っていることが多く、筋肉の温度上昇は筋紡錘のスパズムを減弱させ、筋肉のれん性を抑制します。

温熱による作用・効果をまとめると、次のようになります。

❶疼痛の緩解……外傷後の局所の痛みや慢性関節リウマチ、変形性関節症、変形性脊椎症、腰痛症、肩関節周囲炎、慢性関節炎、ねんざ、関節拘縮、手術後の痛み、各種神経痛などの疼痛を緩解する。

❷筋スパズムの改善……筋肉の疲労による筋スパズム、疼痛による二次的筋スパズム、その他の原因による筋スパズムを改善する。

❸中枢神経マヒによる筋れん性の緩解

こうした温熱による作用効果は、①温熱そのものが局所に与える影響と、②温熱による血液循環の改善により代謝物・発痛物質が血流によって除去されること、③筋肉の緊張が緩和されて血流が改善されること、④自律神経反射によるものといった要因が考えられます。

このように、からだを温めると全身の体温を上昇させ、血液の循環を改善させて、全身的代謝を賦活し、炎症や発痛物質の除去、コラーゲンを柔軟化させて関節リウマチ、変形性関節症、腰背部痛、脊柱管狭窄による間歇性跛行の発現や抑制に非常に有効な手段となります。

❹**遠隔部および深部の温度上昇**……遠赤外線などによる局所の皮膚の加温も有効で、脊髄反射を介して「遠隔部」の筋肉の血管拡張と、それに伴う温度の上昇をひき起こし、さらには交感性血管拡張によって「深部」の筋肉の血管拡張および温度の上昇をひき起こします。

❺**骨内の血液量の増加**……遠赤外線による温熱効果は、骨内の血液量を八〇％増加させ、組織の活性化に有用であるという報告もあります。

❻**腎臓の血流量の増加**……また、温熱による循環血流量の増加とともに、腎血流量が増加したという報告もあります。

❼**局所の浮腫の軽減**

5 中枢神経作用

からだを温めると、核心体温（深部体温）が上昇します。核心体温の上昇は視床下部体温調節中枢を刺激して、その結果、血管拡張による「血流」の増加とともに、体熱を放散するために「発汗」反応が起こります。

❶ 体熱の放散

体熱は放射・伝導・対流、そして蒸発によって放散されます。

その割合は、外界の条件によっても異なりますが、たとえば環境温二五℃では、放射による熱放散が約五〇％、伝導・対流によるものが三〇％、蒸発によるものが二〇％程度です。ほかに呼吸気道・尿・便からも行なわれます。

「放射」

からだが接触していない他の物体へ人体から「赤外線」によって熱が伝達されるのが「放射」です。まわりの壁や物体が体温より低ければ、体熱は放射によって近くの物体に吸収されます。放射で失われる熱量は、皮膚温と外気温の差、および放射の起こる体表面積の増大に伴って増加します。

「伝導」

私たちはつねに重力の下で生活していますから、必ず何かに接しています。それがイスであれ、畳であれ、地面であれ、壁であろうとも、何かに接しています。人体と接している他の物体に熱が流れるのが「伝導」です。
伝導による熱の移動は、物体だけでなく、からだの近くにある空気や水の動きによっても起こります。なかでも、空気の存在は無視できません。体熱は皮膚表面および呼吸気道を通じて、外界に放散されます。無風状態のときにおいては、皮膚に接している空気層の温度は気温よりも高くなっています。その層を「限界層」といいますがその層は約四〜八ミリといわれます。
すなわち、伝導による熱放散は、皮膚および粘膜表面と、これに接する物体との温度差に比例して行なわれるということです。空気のような不良導体では、身体表面に接する薄い空気層が同じ温度になると、これが移動しなければその効率は著しく低下します。このため、伝導による放熱は、対流による放熱と比例して増減します。

「対流」

皮膚に接している空気が皮膚温によって温められると、空気の対流が起こり、皮膚表面の空気が絶えず置き換えられて、失われる熱量が増大します。たとえば、からだを動かしたり、風があると、伝導・対流による放熱が増大します。限界層の厚さはそのときの風速によって異なり、一〇メートルの風速があると限界層が約〇・三ミリに減少して、熱の放散が著しく増加します。それが衣服に覆われていれば対流が起こりにくく、衣服の繊維の間にある空気はほとんど動かないために伝導によって失われる熱が少なくなります。なお、寒気にさらされると反射的に立毛筋が収縮し、とり肌が起こります。この伝導と対流によって、皮膚から単位時間に失われる熱量は、皮膚温と外気温の差、および体表面積の増大に伴って増加します。

「蒸発」

水分の「蒸発」は、皮膚表面および呼吸器の粘膜を通じて、つねに行なわれています。蒸発は、その部位の温度と周囲の空気の湿度によっても異なりますが、蒸発面に接する空気の流動が大きいほど、放熱量も大きくなります。水一グラムの蒸発によって、約〇・六キロカロリーの気化潜熱が奪われ、熱の放散が行なわれます。

体表面からの水分蒸発のメカニズムには、「不感蒸泄」と「発汗」があります。不感蒸泄とは無自覚的に常時行なわれている水分蒸発のことで、皮膚表面からは一日におよそ五〇〇〜七〇〇ミリリットル、肺からは一五〇〜四五〇ミリリットルの不感蒸泄が行なわれているといわれます。また、安静時平均で一時間に一平方メートルあたり約三〇ミリリットルの水分が失われます。つまり、一日あたり八〇〇〜一〇〇〇ミリリットルの水分が放出されている計算になります。これによって五〇〇〜六〇〇キロカロリーの熱が放散されます。気温が上昇したり、また発熱のときなどでは呼吸が促進しますから、当然、この放熱はさらに増えることになります。

❷発汗

私たちの体内ではたとえ静かにしていても絶えず熱が産生されています。

体内に熱が蓄積されると体温が上昇します。たとえば、外気温が一五℃のときは、水分蒸発によって体内の熱の二五％は放散しますが、外気温が三七℃にもなると、幅射・対流・伝導はすべてゼロとなり、またたく間に体温は上昇します。この場合、体内から熱を放出する手段は、もはやからだからの水分蒸発以外になくなります。一グラムの水が蒸発するとき、約〇・六キロカロリーの熱を蒸発させますから、発汗は体温を調節するうえで非常に重要となります。

発汗に影響するのが、大気中の「湿度」です。湿度が高いと、発汗しても蒸発しないために、汗がまとわりついてよけいに暑く、不快に感じます。湿度が高いと熱放散量が低下して汗の蒸発が妨げられてしまい、その結果、体温が上昇します。これが熱射病あるいは日射病です。ちなみに、熱射病や日射病には「解熱剤」は効きません。というのは、発熱のメカニズムが違うからです。

気温二二℃といった、それほど暑くないときでも汗は出ます。いわゆる「運動」による汗です。運動による生体の変化をみると、皮膚の血管は開いて、血流量を増やし、冷たい外気へより多くの熱を放出するように働きます。軽い運動でも一時間後に体温は三七・五℃、かなり激しい運動では三八・五℃にも達します。軽い運動でも一時間に約二〇〇グラム、激しい運動では七〇〇グラムもの汗が出ます。もし、汗が出なかったらどうなるか――。体重が六〇キロの人では、約八〜九℃も体温が上昇することになります。

一般に、「スポーツによる汗は健康である」といわれていますが、これは間違いです。スポーツによる健康づくりというのは、運動することによって筋肉への血液循環を促進させることにあります。心臓機能を亢進させ、心筋に刺激を与えて、全循環系のパワー・アップを図るのが目的なのです。

たしかにスポーツをすれば、多少なり発汗を伴いますが、これは運動によって筋肉のエネルギー消費が高まり、それに伴なって体温が上昇します。このとき副交感神経が自動的に働いて、体温の上昇を抑制するために「温熱性発汗」が起こります。この点からいえば、健康な汗とは、適度のジョギングで出る程度の汗といえます。

当然のことながら、ストレスによる発汗は好ましくありません。精神ストレスが強かったり、運動が激しかったりすると、腎臓への血流量は減り、尿量は少なくなります。精神性発汗が強まると、かえって体温を冷却しすぎるからです。

健康に役立つ発汗としては、サウナや砂ぶろ、岩盤浴のような「温熱性発汗」がもっとも適しています。

汗は、表皮の下にある真皮の中にある「汗腺」によって分泌されます。この汗腺は「エクリン腺」と呼ばれ、一八三三年、ボヘミアの生理学者プルキンエによって発見されました。汗腺とは、文字どおり汗を分泌する腺ですが、これは真皮の中に球状に巻いた分泌管と、体表へまっすぐに伸びる排出管からつくられていて、その分泌管のまわりを毛細血管がとり巻く構造となっています。

汗腺には、分泌様式の異なる「エクリン腺」と「アポクリン腺」があって、放熱の手段としての発汗は、もっぱらエクリン腺によって行なわれます。エクリン腺は全身に分布していて、その総数は日本人で二〇〇〜五〇〇万個ともいわれ、そのうち実際に働く能動汗腺は一八〇〜二八〇万個といわれます。

たとえば、かりに能動汗腺が二三〇万個あるとすれば、その汗腺をとりまく毛細血管の総表面積は二・八平方メートルともなり、その毛細血管をつなぎ合わせると、じつに七四キロメートルにもなります。このことからいえば、二三〇万個の汗腺から一時間に一・五リットルもの汗をかく能力をもち合わせていることになります。ちなみに、人体の体表面積は手のひらの約一〇〇倍、つまり一・七平方メートルにもなります。

「温熱性発汗」は手のひらと足のうらを除いて、ほぼ全身的に起こります。とくに、前額部、頸部、躯幹の前面と後面といった部位が温熱性に発汗します。反対に躯幹の側面や下肢などは汗が出にくいのが特徴です。このように、汗が蒸発しやすいところにはたくさんの汗腺が開口していて、発汗しやすいようにできていることは自然の理にかなっています。額に汗腺が多く分布しているのは、暑さに弱い脳を守るためです。

こうして出た汗も、いわば海水が沖へ引くように、真皮のほうへ引き戻されます。これは導管内で一部が再吸収されるためで、サウナで大量の汗をかき終わると、かえってサッパリとし、気分がスッキリとして、冴えてくるのはこの生理学的な働きのせいです。

手のひらや足の裏の汗腺も、ほかの皮膚と同じ汗腺（エクリン腺）ですが、手足のほうがより原始的で、胎生期の早い時期に発生していて、そのためほかの汗腺と働きも違っているのではないかと考えられています。

また、「手に汗にぎる」というように、手足の汗は精神的興奮によって発汗するため、「精神性発汗」と呼ばれています。手のひらや足の裏は、表皮が厚いため導管も長く、ラセン状になっているため、一度出た汗が導管をたどって真皮内に戻ることがありません。いつもじめじめしているのはそのためです。

❸ 汗の成分

汗には多くの成分が含まれています（図4－15）。なかでも水が約九九・五％で、そのほとんどを占めています。血液中の水分の量は約八〇％ですから、それよりも薄いものです。また、尿や涙のような分泌液とくらべても、もっとも薄いものといえます。

しかし、この特性こそ、体温調節にとって重要なのです。残る〇・五％という汗の固形成分は、ミネラル（塩素、ナトリウム、カリウム、カルシウム、マグネシウム、リン、イオウ、鉄など）、窒素含有物（アミノ酸、アンモニア、尿素、尿酸、クレアチニンなど）、糖類とその分解物（ブドウ糖、乳酸など）、ビタミン、ホルモンの類いも含まれています。

汗の三大成分は「食塩」「尿素」「乳酸」です。

このうち特筆すべきものは「食塩」（NaCl）の濃度です。汗の中の食塩濃度は発汗の速度によって異なり、薄いときには〇・四％、濃いときでは一・〇％にまでなります。また、アンモニアは汗のほうが血漿より濃厚です。ブドウ糖は汗にはきわめ

成分	汗	血漿
塩素	320	360
ナトリウム	200	340
カリウム	20	18
カルシウム	2	10
マグネシウム	1	2.5
尿素の窒素	15	15
アミノ酸の窒素	15	15
アンモニア	5	0.05
クレアチニン	0.3	1.5
ブドウ糖	2	100
乳酸	35	15

久野による（mg%）

図4-15　汗の成分の濃度と血漿との比較

て少なく、乳酸はこれに反して多いのは、汗腺の働きのもととなるエネルギーがブドウ糖から供給されるからです。

⑥調整作用

くり返し行なう温熱刺激は、自律神経系、内分泌系の調整作用があり、たとえば血中カテコールアミン、コルチゾールなど、その値の高いものは低下し、低いものは上昇して、正常値に向かって収斂させる働きがあります。また、副腎皮質ホルモン、インシュリン分泌の改善、リンフォカインの反応を介した免疫、代謝系への作用も報告されています。

⑦ＨＳＰ（ヒート・ショック・プロテイン）

近年、「ＨＳＰ（ヒート・ショック・プロテイン）」という熱ショックタンパク質が注目されています。ＨＳＰはストレスタンパク質の一種で、生体外部から受ける温度によるストレスに対して、生体を防御するための働きをします。

温熱刺激（加温）が加わるとＨＳＰが徐々に体内に増えてきます。ＨＳＰはもともと体内に存在しますが、加温によって性質の違ったＨＳＰが現れ、その量も増えてきます。これは、熱ショックによって変質してしまったタンパク質の形態や機能を元通りにするためです。現在HSPは、十数種類の存在が確認されています。

HSPの特徴

❶**特徴**……HSPはどのようなストレスに対しても生体防御作用を発揮する非特異的反応を示す。抗体とは異なり、数日で機能と効果は消失する。とくに、温熱刺激によってHSPの合成が盛んになると、他のタンパク質合成が低下する。

❷**誘導機構**……細胞核内タンパク質である熱ショック転写因子(HSF)が、熱ショックによって生じる刺激によって活性化し、熱ショックエレメント(HSE)に結合し、HSPを産出する。

❸**誘導に要する時間**……ヒトではストレス負荷後四八～九六時間に誘導量が最大になる。

❹**予備加温療法**……手術や運動などのストレスが事前に加わることが予想されているときに、あらかじめ(二日くらい前)非致死的な温熱刺激を与えることで、細胞内にHSPを誘導しておき、その後に加わるストレスのダメージをできるだけ軽減させることができる。

HSPの機能

ＨＳＰの機能は、からだを構成するすべての細胞にあるタンパク質をいつもきれいにして、活力を保つようにすることにあります。たとえば、ケガや疲労などの外的ストレスで構造が変わったり、傷ついたりすると、タンパク質は本来の働きができなくなります。それを修復するのがＨＳＰです。その機能は、①できあがりつつあるタンパク質をきれいに折りたたんだり（フォールディング）、②ちぐはぐな形を整えたり（リフォールディング）、③間違った折れ方をしているものをやりかえたり（アンフォールディング）して、細胞が正しく機能できるようにすることです。

HSPの生体防御反応

私たちはカゼを引いたり、何かに感染したりすると、「発熱」します。発熱すると、からだのなかで、①ＨＳＰがつくられ、②免疫活性を高め、③痛みを緩和させる「エンドルフィン」がつくられ、痛みを和らげます。つまり、カゼを引いたり感染すると、熱が出て、ＨＳＰがつくられ、免疫系が活性化され、エンドルフィンが出て、からだを守ろうとするのです。

遠赤外線マイルド加温の効果

遠赤外線によって、外から加温して体温を上げると、このＨＳＰを高めることができます。その結果、次のような効果が得られます。

❶ **ＨＳＰ70が誘導される**……生体防御作用が得られます。

❷ **免役能が上がる**……ＮＫ（ナチュラルキラー）細胞の活性、抗原提示能の増加、ＩＮＦ（インターフェロン）・ＴＮＦ（腫瘍細胞壊死因子）の活性、マクロファージの活性、などの働きを高めてガンや細菌を殺す力が強くなります。

❸ **血流がよくなる**……薬剤の細胞内取り込みがよくなり、薬剤がよく効くようになります。

❹ **乳酸の産生が遅れる**……運動能力が向上します。

❺ **体温が上がる**……代謝が活発になり、細胞が元気になり、脂肪が燃焼されます。

❻ **汗が出る**……老廃物が汗から出ます。

❼ **エンドルフィンが誘導される**……痛みが緩和されます。

❽ **老化を予防する**……活力あるからだに仕上げ、肌もすべすべになり、いろいろな臓器も生き生きとしてきます。

赤外線でのガン治療法開発

二〇一一年十一月の「朝日新聞」(十一月七日)に、「赤外線でのガン治療法開発　マウス八割完治、副作用なし」という見出しで、赤外線の新たな地平を拓く予感をいだかせる興味深い記事が載りました。

この治療法は、アメリカ国立保健研究所(NIH)の小林久隆チーフサイエンティストらが開発したもので、赤外線を使ってマウスでのガン治療実験を行なったところ、八割のマウスが完治し、副作用もなかったということです。この結果は、十一月六日付のアメリカ有数の医学誌『ネイチャー・メディシン』(電子版)に発表されました。

小林チーフらのチームは、光を受けると熱を出す特殊な化学物質に着目し、この化学物質とガン細胞のたんぱく質(抗原)に結びつく抗体を結合させた薬をつくり、この薬をマウスに注射して、翌日、ガン細胞の表面に付いたところで、からだを透過しやすい「近赤外線」を当て、熱を出してがん細胞を破壊する、というものです。

実験では、二週間で死んでしまう悪性ガンのマウスに、この薬を注射して、翌日に近赤外線を一日十五分照射する治療を、二日間実施。これを一週間おきに四回くり返すと、八割でガンが完治したというのです。小林チーフは、「赤外線は無害で、熱を出す化学物質もからだのなかですぐに代謝され、安全性は高い」とコメントしています。

遠赤外線の安全性

遠赤外線でからだを温めると、血管拡張だけでなく、自律神経やホルモン分泌のバランス回復、リラックス効果など多様な効果が複合しています。しかも安全です。

しかし、遠赤外線は「電磁波」であるということから、安全性についての質問をよく受けます。おそらくその背景には、二〇一一年の東日本大震災による「福島第一原子力発電所」の一号機と三号機が水素爆発を起こし、周辺の地域に放射性物質（セシウム137）が広範囲に飛び散り、そこから放射される放射能汚染が問題となったことがあるのだと思います。

また、一九七九年に起こったスリーマイル島の放射能漏れ、一九八六年の旧ソ連のチェルノブイリ原子力発電所で火災が起こり、多くの人々の健康に重大な影響を及ぼしました。直接的・間接的に摂取された放射性物質がそれぞれ各臓器に沈着し、甲状腺の病気や白血病、その他のガンをひき起こしました。

また、一九九九年には東海村で放射能もれの事故がありました。そのときも同じ質問をよく受けました。放射能はX線や紫外線よりはるかに強い「中性子線」で、コンクリートの壁を透過するほどのエネルギーをもっており、人体の細胞などを破壊する力は「ガンマ線」よりも大きいものです。

X線や紫外線が危険なのは、そのエネルギーが分子の結合を切断したり、物質との間で「化学反応」あるいは「生化学的反応」を起こして他の物質に変えてしまうほどの強さ、大きさがあるからです。

また一方で、携帯電話などの電磁波は脳腫瘍やガンをひき起こという報告も、安全性を懸念する材料となっています。いわゆる「電磁波障害」というのがそれです。これまでに、ガン、白血病、脳腫瘍、妊娠異常など八三種類の病気や症状と電磁波との関連を示す研究や疫学調査が報告されています。また、先般WHOが電磁波の影響についての声明を発表しています。

世界で最初に電磁波とガンとの関連を指摘したのは、アメリカの心理学者ワルトハイマー博士と物理学者リーパーが一九七九年に発表した学術論文でした。彼らが送電線の近くに住む子どもを調べたところ、白血病の発生率がほかの地域とくらべて約三倍、脳腫瘍が二・四倍という結果を報告したのがきっかけでした。

遠赤外線は光であり、「電磁波」の一つです。しかし、電磁波障害のなかでとくに問題となっているのは、テレビやパソコンなどの電気製品や高圧送電線などから発生する電磁波」で、その正体は「電波」です。遠赤外線も同じ電磁波ですが、問題になるのは、そのエネルギーの大きさと強さなのです。

マイクロ波や電波は、一本の電磁波エネルギーは遠赤外線よりも小さく、化学変化を起こす力はありませんが、問題なのは、波長が非常に長いために、透過性が大きく、減衰しにくいので、それによって空間密度が高くなると特異的な電磁場環境が形成されるために、生体に対して何らかの悪影響があるのではないか、というのがその根拠となっています。

遠赤外線のエネルギーは、化学反応（電子遷移）のレベルよりもはるかに低い「分子振動」や「分子回転」のレベルであり、これらの振動を励起することはあっても、分子の結合自体を切断する力はありません。したがって、化学反応を起こすことはなく、安全性は高いといえます。

第5章　光冷暖の時代

「冷暖房」のコンセプトが変わる

琉子《りゅうし》友男（大東文化大学大学院教授）先生と待ち合わせたその日は、朝からすでに気温は三〇℃をゆうに超え、待ち合わせ場所の東京・品川の駅に着くと、構内はたくさんの人が行き交って、その暑さを倍加させていました。

琉子先生と落ち合い、品川駅前の横断歩道を横切って国民生活センターのほうへと歩いていくと、強烈な日ざしと蒸し暑さが加わって、汗がふき出てきます。横に目をやると、琉子先生もその巨体に汗をにじませています。

ゆるやかな坂道を上って左に折れると、そこに堅牢で、重厚そうなマンションがありました。その前に「石の癒」と書かれた表札があり、「ここですね」と琉子先生に声をかけてから、インターフォンを押した。すると女性の声がして、すぐにオートロックを外してくれ、二階へと案内されました。

ドアが開かれ、案内されて室内へと入ると、その瞬間、「これはちょっとちがう。何かがちがう」と直感しました。まず、室内の「空気の質」が違うのです。まるで森林浴をしているような、さわやかで、すがすがしい「涼感」が感じられるのです。

以前、『空気の質と健康――インドア・エア・クオリティ』（一九九六）という本を書いたときに、そのなかで「これからの空気調和は、草原をイメージさせるような光や音、風、香り、艶（ツヤ）、それと空気マイナスイオンといった要素をとり入れた、より自然に近いものとなってゆくだろう」と指摘していました。その「ツヤ」がここの空気にある。それが第一印象でした。

まわりを見渡すと、壁や天井に「漆喰《しっくい》」のようなものが塗ってあります。

「これはどんな素材でできているのですか」

と、目の前にいる二枝《ふたえだ》さんにたずねました。すると、

「これはわたしどもが開発したセラミックです」

という答えが返ってきました。その瞬間、わたしは抱えていた大きな「ナゾ」のひとつが氷解していくのを覚えました。

二枝たかはるさんは「石の癒《ゆ》」という岩盤浴を展開する全国チェーンの社長で、岩盤浴で培った遠赤外線のノウハウから、この「セラミック」を開発したということでした。それなら話は早いです。さっそく、遠赤外線放射体をみせていただくようお願いしました。

「これが放射体です」――。

そこには一畳ほどのジャバラ状のかたちをしたラジエーターが設置されていました。

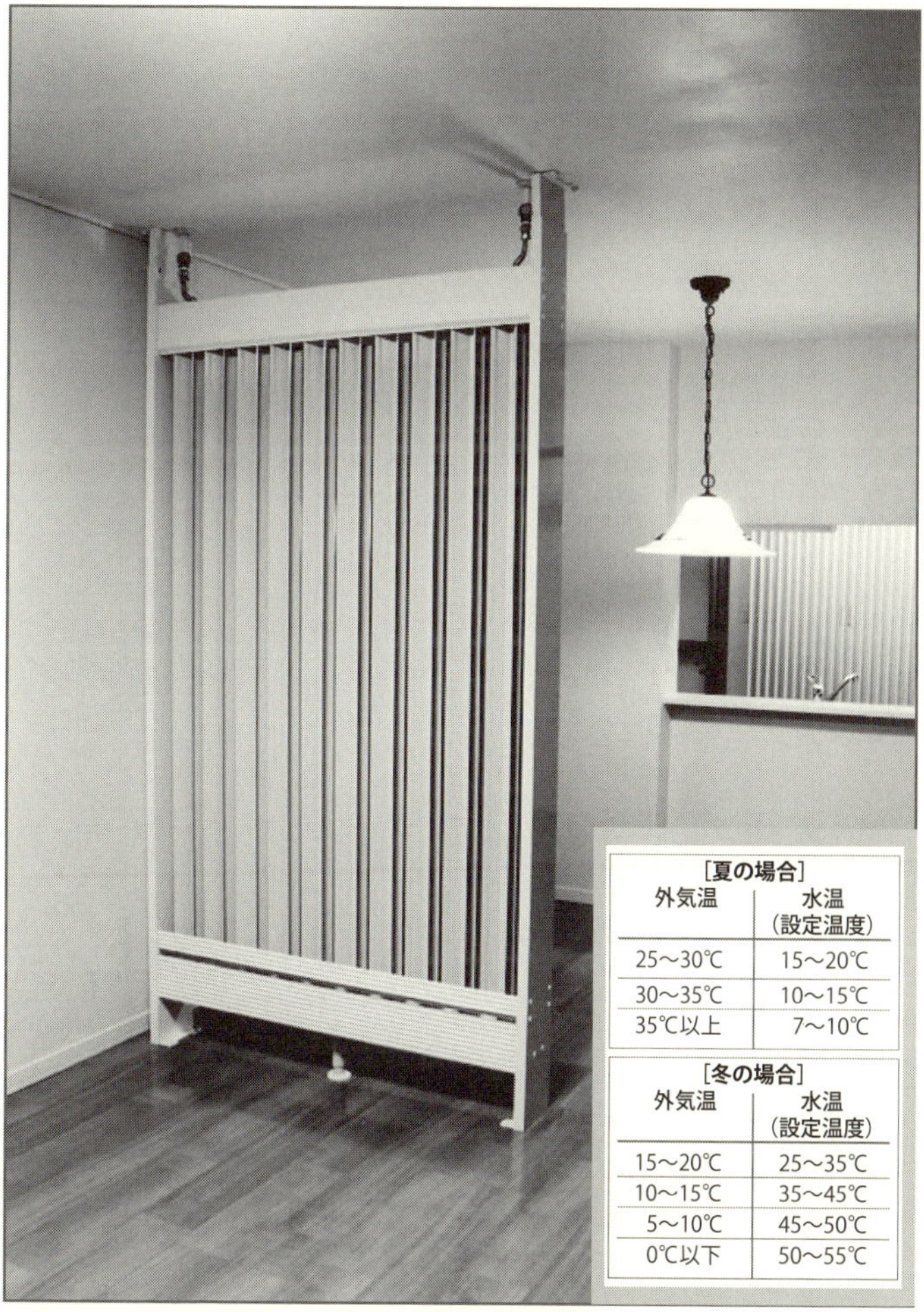

［夏の場合］

外気温	水温（設定温度）
25～30℃	15～20℃
30～35℃	10～15℃
35℃以上	7～10℃

［冬の場合］

外気温	水温（設定温度）
15～20℃	25～35℃
10～15℃	35～45℃
5～10℃	45～50℃
0℃以下	50～55℃

パイプフィンパネル遠赤外線放射体と水温設定例

ジャバラ状になっているのは放射面積を大きくするためだということは容易に想像できました。

「パイプフィンパネルといいます。このパイプに、夏は冷水を流し、冬は温水を流して冷暖します」

「これだけですか」

「そうです。この一台で、ここのすべての部屋の冷暖ができます」

そういって、二枝社長はわたしと琉子先生を奥の部屋と、トイレに案内してくれました。そこには温度計があって、いずれも「二七℃」の目盛りを指していました。節電と省エネのため、室温を高めに設定しているということでした。

たしかに、全室の温度が均一になっています。なかでもわたしが驚いたのは、トイレの温度でした。ふつう、家庭でも、事務所でもそうですが、部屋は冷房されていてもトイレは隔離されていることもあって、温度が高いものです。それがほかの部屋同様に「二七℃」を示していたのです。

「家中どこにいても温度のムラがない」というキャッチフレーズが真実味を帯びてきました。しかも気づけば、エアコンのような風がありません。ほんとうに、エアコンは付いていないのだろうか、とそう思い、そこかしこに目をやるのですが、どこにもそれらしきものは見当たりません。

応接室を兼ねた会議室に戻ってみると、そこにも温度計が設置されていて、やはり温度計の目盛りは「二七℃」を指していました。放射体が設置されている部屋の温度計も同じく「二七℃」――。これは疑いようもない「事実」です。

気がつくと、すっかりと汗が引いていていました。正直にいえば、最初に部屋に入ったときは、その涼しさに少し物足りなさを感じていたのもたしかです。あのエアコンのような、冷風で一気に冷やされるような冷涼感がないのです。しかし、一時間ほど打ち合わせをしていると、最初の実感とは裏腹に、その物足りない「涼感」が心地よいのです。

冷房の存在を意識しない――。それが「冷房の本質」ではないか、と思いいたりました。

そういえば、『Thermal Delight in Architecture』のなかに、こう書いてありました。


「温熱環境については、基本的な仮説がある。すなわち、最良の温熱環境とは、意識する必要のないものであり、ひとたび客観的に快い環境が整えられたならば、それで人の寒暖に対する要求がすべて満たされてしまうだろう」

「これは冷暖房のコンセプトが変わる」――。

衝撃だった「結露」の処理

なかでも、わたしがもっとも気になっていたのが、「結露」の問題でした。

放射体に目をやると、その全面にびっしりと水滴がついています。

「結露はどう処理していますか」

「ドレーンで引いています」

見ると、放射体の下に樋（とい）のようなものが設置されていて、水滴はそこに落ちて流れるようになっています。

「えッ、これだけですか」

「ええ、それだけです」

これまで誰もがその処理に困っていたのを、この人はたった一つの樋（ドレーン）を設けることで解決してしまっていた。結露を防ぐため、結露を取り除くために、わざわざエアコンで送風して、余分なエネルギーを使ってまで解決しようとしていたのは何だったんだ——。そう、思わず心のなかで叫んでしまいました。

「主観が客観に従うのではなく、客観が主観に従い、主観が客観を可能にする」といったのはカント（一七二四〜一八〇四）ですが、まさに二枝さんのこの「結露」の処理は、これまでの常識を覆すには十分な衝撃でした。

しかもこの方法は、これまでのような機械的・強制的に除湿をコントロールするのではなく、自然なかたちで、いわば呼吸する湿度をバランスよく、うまくコントロールしている。からだにやさしい除湿法だと感心してしまいました。

西洋的な考え方は、自然を力でねじふせるという考え方ですが、二枝さんはそうではなく、湿度を自然の現象として見事に解決していました。同時にこれは省エネにもなります。

これは冷暖房のイノベーションだ

なぜ、どうしてこのラジエーター（パイプフィンパネル）一機ですべての部屋の冷房ができるのか――。それがいちばんの大きな「ナゾ」です。しかし現実に、各部屋が均一に「二七℃」になっています。しかも、隔離されたトイレまで……。ここにきて、わたしの思考は止まってしまいました。

パネルヒーティングなら、話はわかります。天井や壁・床にパイプを埋め込み、温水（五〇～六〇℃）を通して放射によって各室を暖房するシステムですが、この部屋のどこを探しても、そんなパイプは見当たりません。まして冷水を流すことなど、それこそ「結露」の問題からいってもむずかしい。

わずか一機の、しかも一〇℃そこそこの水温で全室が冷房される——。この現象をどう解釈するか。もっといえば、一〇℃という低い熱エネルギーの伝達をどう解釈するかです。

そこで遠赤外線の原理から仮説をたててみることにしました。

①まず、マイナス二七三℃（絶対温度＝K）以上であれば、すべての物質は原子・分子運動があり、それに応じたエネルギー（波長）を放出しています。たとえ水温が一〇℃と低温であっても、二八三Kというエネルギーをもっています。

②次に、放射体はセラミックスで被膜されています。おそらく、使用されているセラミックスの放射率はゆうに九〇％、いやそれ以上はあるでしょう。放射率が高いということは、それだけエネルギーが効率よく光に変換されるということです。

③それに、光は秒速三〇万キロメートルの速さで、その進み方は直進的であり、反射・屈折・干渉・回折・偏光するという性質をもっています。

④そして、セラミックスは遠赤外線（電磁波）を共鳴・吸収し、エネルギーレベルを上げ、吸収したエネルギーを再度、遠赤外線として放射します。

さて、これらの原理をあてはめると、放射体の表面温度（水温）は一〇℃です。それを波長に直せば一〇・二ミクロンとなります。この一〇・二ミクロンをピークとした光が、効率よく放射体のセラミックスから放射されます。その速さは、秒速三〇万キロメートル、進み方は直進的で、反射・屈折・干渉・回折・偏光といった性質をもっています。

放射体から放射された一〇・二ミクロンの光は壁、天井に塗られたセラミックスに共鳴し、吸収され、そのエネルギーレベルを上げます。エネルギーレベルの上がったセラミックスからは、再度、遠赤外線が放射されます。これをエネルギーが減衰するまで続けるわけです。

そこにエネルギー源さえあれば、永遠に、放射→共鳴・吸収→再放射→共鳴・吸収→放射……のくり返しを続けます。さらにそこに、光の性質である反射・屈折・干渉・回折・偏光が加わって、もちろん天井や壁それ自体からの伝導も加わえて、このような現象が起こるのではないか……。それがわたしの考えた仮説です。

そう考えたのにはヒントがありました。それは以前、「音楽療法」のテーマでロケット工学者として有名な、糸川英夫先生と対談したときの内容にありました。先ごろ小惑星探査機「はやぶさ」が、小惑星の「イトカワ」まで行って調査とサンプルリターンをしたあと行方不明になり、のちに奇跡的な帰還を果たしたことが話題となりましたが、「イトカワ」はもちろん糸川先生の名にちなんだもので、「はやぶさ」は第二次世界大戦のときに活躍した戦闘機「隼《はやぶさ》」にちなんだものともいわれます。

糸川先生はこの「隼」を開発した人で、戦後GHQによって飛行機の開発が禁止されるのですが、そのとき自殺を考えたそうです。それを押し止どめたのが、ストラディヴァリウスに匹敵するヴァイオリンをつくることでした。糸川先生はベストセラーにもなった『逆転の発想』の著者としても有名ですが、ヴァイオリンの制作者としても有名な方で、対談したおり、「ヴァイオリンを研究するのと、実際につくるのとでは大違いでしたでしょう」と、直入にお聞きしました。

「研究の仕方は知っていましたから、それほど困難ではなかったですね。しかし、イタリアのクレモナの文献を読んだり、ヨーロッパの古い文献も読みましたし、ストラディヴァリウスに関する文献はすべて読みました。それ以後、いろんな科学者がもっともよいヴァイオリンをつくれないか、二〇〇年前のヴァイオリンに負けてたまるか、ということで研究し、挑戦しました。有名なのが『ラーマン効果』で知られるノーベル賞をもらった音響学のラーマン（一八八八〜一九八〇）です。

私どものつくったヴァイオリンは、ストラディヴァリウスとのブラインドテストでも差がわからないほどでした。理論もユニークで、専門的にいえば、メディアは電波にしても何にしても周波数があります。たとえば、ラジオではNHKの周波数は五六〇キロヘルツという低いところにあって波長が長い。そのためにビルの周りをも回り込んでいくことができるんです。ところが、周波数の高い局は波長が短いため、ビルの周りを回り込めない。自動車の中などで、ビルの陰になると聴こえなくなる経験をよくするでしょう。

ヴァイオリンの音も『キャリアフリーケンシー』といって、特別の音波の上に音楽の音が集まっているのです。つまり、波長の長い音がキャリアフリーケンシーになっていて、それに本来のヴァイオリンの音といわれるものが乗っかっている。そのため回折効果が出て、遠くても近くても、音が届くのです。

よいヴァイオリンというのは、音色が美しいだけでなく、遠方でも美しく透徹して聴こえ、遠く離れても音色が変わらないことが演奏上重要なのです。悪いヴァイオリンだと、遠く離れると音が聴こえないし、廊下があったりすると音が回り込めず聴こえないんですね。ストラディヴァリウスなんかだと、そばで聴いていてもキーキーしませんし、二〇メートル離れたところでもよく聴こえ、音が通るのです」

(『音楽療法最前線』、佐々木久夫・小松明＝編、人間と歴史社、一九九四)

ストラディヴァリウスのような名器ともなると、音が回折して、その美しい透徹した音色が遠くまで届く（回折効果）――。

音は速度（毎秒三三二メートル）こそ違いますが、反射・屈折・干渉・回折など、光と同じ波動の性質をすべて示します。大きなヒントでした。

そこで、二枝さんに、光冷暖のドライブ（運転）時間を聞いてみました。

「ドライブ（放射時間）はどれくらいですか」

「二十四時間です」

「二十四時間つけっぱなしだと電気代もかさむでしょうね」

「いえ、消費電力はエアコンの四〇～五〇％です」

…………。放射体からはつねに遠赤外線が放射されていて、それがセラミックスに吸収され、再放射されます。この循環の中にひとが入れば、とうぜん遠赤外線が皮膚や衣服に吸収されて、エネルギーが減衰します。しかし、放射体からはつねに遠赤外線（エネルギー）が放射されていますから、ひとや衣服によって減衰した分のエネルギーがすぐに供給される。しかも省エネ――。

これは冷暖房のイノベーションではないか。もはやこれは冷暖房という概念を超えた、いわば「涼感」あるいは「温感」を得るシステムと考えるべきではないかとさえ、思ったのでした。

あのさわやかな「涼感」はどこからくるのか

もうひとつ、気になっていたのは、その「涼感」です。「清涼感」あるいは「爽涼感」といってもいいのですが、なぜこんなに小さなエネルギー（一〇℃）で、この「涼感」をもたらすことができるのか——。

そのヒントは、セラミックスが一面に塗られた天井と壁にありました。つまり、放射体が小さくても、共鳴・吸収・再放射の機能をもったセラミックスの面積が大きいことです。すでに述べてきたように、熱が電磁波の形で移動する現象が「放射」であり、人体では遠赤外線として熱が放散されます。人体の皮膚は「赤外線」に対する吸収率が「九八％」ですから、ほぼ「黒体」とみなすことができます。すると、ここでは「シュテファン・ボルツマンの方程式」が成立します。つまり、「皮膚の表面温度と物体表面の絶対温度の四乗の差に比例する」ということです。

どういうことかといいますと、天井と壁（家具も含めて）の表面温度と人体の皮膚表面の温度差が大きければ大きいほど、からだの表面からの放射量が大きくなるということです。この温度差が、ちょうどいい温度感覚、涼感を生むのではないか、と思いました。

第二に、ひとの温度感覚は、冷却に対してわずかの温度変化にも敏感だという生理学的な特長があげられます。

第三に、皮膚の温度感覚は、温度刺激の変化の速さと方向、刺激される皮膚面積などによって影響されることです。

そして第四に、「温度感覚を起こす適応刺激は、温度ではなく、その受容器に熱を〈供給〉する〈速度〉である」という温熱生理学の指摘です。ここに光冷暖を語る場合の、必須の要件が含まれています。つまり、温度感覚を起こす適応刺激は「温度ではなく、その受容器（レセプター）に熱を供給する〈速度〉である」ということです。光冷暖はまさしくその作用の主役は「遠赤外線」という光ですから、「熱を〈供給〉する〈速度〉」は、光の速度（三〇万キロメートル）です。これで光の暖房の快さは説明できます。

これを冷房にあてはめれば、「熱を〈放散〉する〈速度〉」と置き換えることができます。

こうした生理学的要因が、あのさわやかな、心地よい「涼感」を生むのではないか——。

エアコンは日本の気候・風土に合っているか

日本はいまや一家に一台、ないし各部屋に一台というエアコン大国となっています。もはや、「冷房」といえばエアコンが一〇〇%といっていいでしょう。

「夏はクーラー」――。刷り込まれたように、何のためらいもなく私たちは夏の暑さをエアコンにゆだねてきました。しかし、この光冷暖の「涼感」を体験してから、その実感から、日本の気候・風土とエアコンのありようを考えるようになりました。

そもそも、エアコンはアメリカで製糸工場や印刷工場の品質管理の手段として開発され、発達した技術です。いわば、生産空間用の空調技術をそのまま生活空間に持ち込んだものが、いまのエアコンです。たしかに、アメリカではそれで不都合がなかった。それはアメリカの気候・風土がエアコンの原理に合っていたからです。

しかし、そのアメリカで開発されたエアコンが、はたして日本の気候・風土に適合しているのだろうか――。そんな疑問がわいてきたのです。

「……家の造《つく》りようは夏を旨《むね》とすべし。冬はいかなるところにも住まる。夏の悪《あし》き家は耐えがたきなり…」

そう随筆『徒然草《つれづれ》』のなかで記したのは吉田兼好（一二八三〜一三五三）でした。兼好だけでなく、むかしから日本人にとって「夏の悪き家」は耐えがたいものでした。しかも冬は寒くて湿度が低い。来日したばかりのラフカディオ・ハーン（小泉八雲＝一八五〇〜一九〇四）は、日本にきてすぐにカゼをひいてしまい、

「この国は冬の寒さを考えずに家を建てている」

といってなげいています。この二人はみごとに日本の気候の特長と住まいのありようをとらえています。夏は蒸し暑く、冬は寒さが厳しく、乾燥する空気はいやおうなく喉を痛めつけ、カゼを引きやすくします。

彼らのいうように、日本の気候は、夏は「高温・高湿」、冬は「低温・低湿」という風土です。ここに日本における空調のむずかしさが横たわっています。この条件をクリアする室内環境をつくりだすこと自体、そもそもむずかしいところがあります。

それをエアコンでコントロールしようとすると、夏は高すぎる温度と湿度の両方を同時に下げねばならず、冬は反対に低い温度と湿度を上げなければなりません。しかも日本は、全長約三五〇〇キロメートル、北東から南西にのびた島国で、気候も風土も北東と南西ではそれぞれに異なり、温度差も湿度差も激しい国です。

アメリカのニューヨークと日本の東京では、気温も湿度もまったく異なります。ニューヨークは、夏は〈高温・適湿〉、冬は〈低温・適湿〉。一方、東京は、夏は〈高温・高湿〉で、冬は〈低温・低湿〉です。「湿度」をくらべると、その差は冬で五二％、夏では七七％です。このように、気候条件がまったく違うのです。この異なる二つの気候条件を、同じ次元で扱うのにはムリがあります。

アメリカでは、夏は空気を冷やせばよく、冬は暖めるだけで適度な湿度が保持できます。

もっといえば、いずこであれ〈低温・高湿〉であれば空気を暖めさえすればよく、〈高温・低湿〉であれば空気を冷やせばいいのです。

しかし日本では、夏は〈高温・高湿〉ですから温度と湿度の両方を下げなくてはならない、冬は〈低温・低湿〉ですから低い温度と湿度の両方を上げなくてはならない、という厳しい条件がつきます。

それをエアコンでやろうとすると、冬の〈低温・低湿〉下で空気を暖めると「相対湿度」〈空気中に含まれる水蒸気量〉は下がり、反対に夏の〈高温・高湿〉下で空気を冷やすと相対湿度は上がってしまうのです。

そうすると、冬場のただでさえ乾いている空気が、暖めることによってよけいに乾いてしまう。だから「加湿」が必要となるのです。むかし、よくストーブの上にヤカンを置いていましたが、これは加湿という面からみて、理にかなったことでした。

一方、夏は〈高温・高湿〉ですから、空気の温度を下げると同時に、湿度も下げなければなりません。湿度を下げるためには、空気から水を絞り出す必要があります。そのためにはたいへんなエネルギーが必要となります。

たとえばヒーター再熱方式では、適度な湿度にするために、空気の温度をかなり低いところ（一五℃以下）まで下げなくてはなりません。その一五℃以下の冷気をそのまま吹き出し口から排出すれば、寒すぎます。そこで今度は、適温にするために再熱することが必要となります。冷やしたあと、また暖めなくてはならない。これではコストがかかり過ぎます。

いまいったように、冷暖房のなかでもっともやっかいでむずかしいのが、冷房における「潜熱」の処理です。

もし、除湿を低温度の熱源で行なうことができれば、それは自然環境にやさしいばかりでなく、より省エネ技術となるに違いありません。それを二枝さんは自然と調和するかたちで解決していたことになります。

エアコンの常識を疑う

「クーラーで手や足が冷えすぎる」「暖房すると顔がほてって頭がボーッとする」「空気が乾燥してのどがいがらっぽい」——そういった声が多くの人から聞かれます。

その不快の原因は、エアコンは、夏は湿度が下がりにくく冷えすぎるからです。反対に、冬は湿度が下がりすぎて乾燥するためです。

はたして、エアコンは私たちに快適な室内環境をもたらしてくれたのだろうか——。

この問いは、とりもなおさず、日本の気候・風土に合った冷暖房とは何かということになります。つまり、日本の気候・風土に合った、より快適な室内環境をつくりだすためにはどうすればいいか。吉田兼好のことばを借りれば、「つきづきしく（ふさわしく、似つかわしく）あらまほしい（そうありたい）」ということになります。兼好のいう快適な住まいとは、住んで心地よく、見て美しく、自然の一部となることでした。

住んで心地よく、見て美しく、自然の一部となることが「つきづきしく、あらまほしい」とした兼好のことばに、わたしは日本の冷暖房のありようを重ねていました。するとそこに、「むりやり空気を暖めたり、冷やしたりすることではないのではないか」という静かな声がこだましたのでした。

「冷暖房とはたんに空気を暖めたり冷やしたりすることだけではない」――。この視点が、エアコンが発達した日本では見落とされてきたのではないか。そんな思いがこみあげてきました。

たしかに、完璧なエアコンを開発するのがメーカーの技術者の使命であり、ユーザー（消費者）はより性能のよいエアコンを求めるのがつねです。それがあたりまえだと思ってきました。

しかし、日本にはむかしから「放射」を利用した暖房方式がありました。カイロ・アンカ・湯たんぽ――。これらはみな「放射」を利用したものです。つまり、空気を暖めずに暖（煖）をとっていたのです。

「そうなのだ。媒体として空気を選ぶべきだとは決まっていないのだ」――。

おもわずそう叫んでしまいました。こんな単純なことに気づかなかった自分を恥ずかしく思う一方で、遠赤外線のもうひとつの可能性を見いだしたことに大きな喜びを感じていました。

遠赤外線には「熱線」（thermal effect）としての性質だけでなく、セラミックスをふくめると、まだまだ私たちの思いもよらないもっと大きな可能性がひそんでいます。そのひとつが遠赤外線放射セラミックによる「非熱効果（Non thermal effect）」と呼ばれるものですが、これについては論を改めます。

「空気を暖めたり冷やしたりする必要のない冷暖房方式」――それが日本の気候・風土に合った冷暖房方式ではないか。

だとしたら、これは冷暖房のコンセプトを変えるかもしれない。いや、冷暖房のパラダイムシフトが起こるだろう。空気を媒体としない「光冷暖」はその可能性を十分はらんでいる。これは世界にも受け入れられるだろう――。そう直感したのでした。

エアコンの不快さの原因

日本におけるエアコンの不快さの原因をさぐっていくと、そこには空調技術が日本の気候・風土に合わないことにどうしてもゆきついてしまいます。それをいくつかあげるとすると、次のようなことがいえます。

❶温度分布の不均一あるいは逆転が起こること。
❷「コールド・ドラフト（冷風）」による冷え過ぎを招くこと。
❸夏は湿度が下がりにくく、冬は反対に湿度が低くなり過ぎること。
❹エア・コンディショニング病をひき起こすことがあること。

❶温度分布の不均一、あるいは逆転がひき起こす問題

エアコンを使用すると部屋の上下で大きな温度差（五〜六℃）ができ、そのため「頭寒足熱」とは逆の「頭熱足寒」という不快な環境をつくりだしてしまい、いわゆる「顔がほてるのに足元が冷える」という現象を生むことになります。

こうしたエアコンによる大きな温度差は自律神経を刺激します。自律神経は交感神経と

副交感神経で構成されていて、互いに関連しあって生体内のバランスをとっています。このバランスがくずれると、さまざまな症状が現れます。

気温の変化は生体にとってひとつのストレス（温熱ストレス）ですから、注意力を低下させ、成績の低下の原因となったり、感情を不安定にし、イライラしたり、落ち着きがなくなったり、家族や対人との関係を悪化させることにもなりかねません。また、不眠、肩こり、手足の冷え、不安といった緊張をひき起こし、血圧の不安定、生理不順、めまい、立ちくらみ、頭痛といった症状や、からだの抵抗力を低下させ、カゼを引きやすくします。

2 コールド・ドラフトがひき起こす問題

コールド・ドラフト（冷風）は「冷房病」をひき起こします。「冷風」もひとつのストレスですから、クーラーによって室温が低くなりすぎると、手・足・腰・背筋の冷え、手足の運動のぎこちなさ、疲労感、倦怠感、頭痛、腹痛、胃腸障害、めまい、神経痛、生理不順などの症状を呈します。

また、エアコンによる温度の変化は、アレルギー疾患や呼吸器疾患をひき起こす要因となることが知られています。冷風によって鼻の粘膜の自律神経が刺激され、血管運動神経性の浮腫と分泌を亢進して、「鼻閉」などの症状をきたします。その結果、口呼吸となって空気は鼻腔を通らず、直接喉頭から気管へと入るようになります。

鼻腔は大気中に含まれる異物のうち一〇ミクロン以上の大きさのものを捕捉・排除するとともに、吸入した空気に適切な温度と湿度を与える作用をもっていますが、鼻腔に障害が起きると気道内への異物の侵入を容易に許すことになり、しかも気道粘膜が乾燥するために粘液を運ぶ機能が低下して、侵入してきた異物の排除が困難になります。

とくに慢性気管支炎、気管支拡張症、肺気腫など、すでに呼吸器に何らかの基礎疾患がある人ではその影響はより大きいと考えられ、また気道過敏症のある人では寒気によるぜんそくが起こることもあります。

3 夏の多湿、冬の乾燥がもたらす問題

●湿度が低いと欠席率が高まる

相対湿度は、大気中の空気中の「水蒸気量」とその温度での「飽和水蒸気量」との比を表すものです。気温が上昇するにつれ、空気は多くの水分を含むことができるようになります。したがって、気温約三八℃における湿度五〇%は、気温一〇℃における湿度五〇%より含有される水分が多いということになります。

湿度はさまざまな面で、人の健康に影響をおよぼします。夏の暑さでは、湿度が発汗を

抑制し、涼感を感じにくくします。そうすると活動しにくく、イライラしてきます。ジメジメした暑さがつづくと「熱中症」や「日射病」になり、入院や死亡率が高くなります。

冬は〈低温・低湿〉になりますから、相対湿度が低くなります。そこにエアコンで室温を暖めると、空気はさらに乾燥して湿度は二〇〜三〇%以下になります。乾燥した空気は、鼻やのど、気道や肺の粘膜を乾燥させて、カゼやインフルエンザにかかりやすくなります。

これはヨーロッパで行なわれた研究結果ですが、その報告によると、室内の湿度を八%から一〇%引き上げ、二二%から五〇%にした場合、職場での欠勤が一〇%、児童（幼稚園児）では欠席が五〇%も減ったということです。

●空気の乾燥は「脱水症状」や「ドライアイ」を招く

また、空気の乾燥は肌の乾燥だけでなく、寝たきりの人や高齢者、からだの弱い人にとって脱水症状を招くことがあります。また、眼の症状として、「ドライアイ」を招きます。ドライアイとは涙の量が減少して、目の表面の粘膜が乾いている状態をいいますが、エアコンの効いたオフィスや部屋で一日中パソコンに向かってデスクワークをする人に多くみられます。

とくに風が直接、頭や顔に当たるのは症状を悪化させることになりますので避けたいものです。また、コンタクトレンズを使用している人のほうがドライアイになりやすいので注意する必要があります。

❹ エア・コンディショニング病とは

エアコンは室内空気を外気と遮断することから、管理を怠ると「シックビル症候群」やレジオネラ菌による「在郷軍人病《ざいごうぐんじんびょう》」や「月曜病」などの疾患をひき起こすことがあります

私たちのからだの一部である「呼吸器」には、呼吸によって外部から侵入してくる微生物や塵埃《じんあい》などの異物を排除するために、ほかの臓器にはみられない多様な防御装置が備わっています。たとえば、気道の入口にあたる「鼻咽腔」は、その複雑な網の目様の構造によって異物を濾過し、空気を清浄化する役目をしています。

もし、この防御網をかいくぐって異物が気管支に侵入したとしても、気管支の繊毛《せんもう》上皮細胞の上にある粘液で捕捉され、繊毛運動によって喀痰として気道の外へと排除される仕組みになっています。さらに肺の奥深く侵入した異物は、次に肺胞マクロファージと呼ばれる貪食細胞で処理されることになります。

このように、呼吸器は「空気力学的濾過作用」「粘液繊毛輸送系による異物の排除」「マクロファージによる貪食殺菌作用」といった一連の「バリアーシステム」によってつねに

無菌的に、かつ清浄に保たれています。しかし、空気が異物で汚染されていたり、ある一定の濃度を超える汚染物質が侵入してきた場合には、これらの防御機能では処理できず、前記のようなさまざまな病気をひき起こすことになります。

そこで、なぜこうしたエア・コンディショニング病が起きるのかについてみていこうと思います。

①シックビル・シンドローム

一九八〇年代初頭にヨーロッパやアメリカでオフィスビルで働く人たちから目や鼻、のどの痛みをはじめ、頭痛、めまい、吐き気、セキ、疲労感、脱力感、呼吸困難、肩こり、皮膚の炎症、発疹、生理不順といったさまざまな訴えが起こりました。

これは「シックビル・シンドローム」「閉め切りビル症候群」として一九八二年にWHOの欧州部会で発表され、一躍脚光を浴びるようになりました。原因はビルの気密性の高さと省エネルギーによる換気量の不十分さ、それに複数の汚染物質が加わった複合的汚染によると考えられました。こうした症候群は、断熱性が高く、空調に再循環システムを採用するなどして新鮮な空気の取り入れが少ないビルに多く見られるといわれています。

② 在郷軍人病

エアコンが直接の原因で感染症を起こした典型例として「在郷軍人病」があります。これは一九七六年の夏、アメリカのフィラデルフィア市内のあるホテルで、ペンシルバニア州の「軍人会」が開催された折りに発生した事件でした。宿泊者のうち一八二名が高熱を出し、急性肺炎を発病しました。うち二四名が死亡し、またホテル前の街路を通っていた一般市民三九名が発病、そのうち五名が死亡しました。検査の結果、どの患者からも共通してある種の土壌菌が検出されたのですが、それが「レジオネラ菌」でした。

原因を探っていくと、ホテルの空調機から出る空気にその土壌菌が発見されました。さらに原因をたどっていくと、冷房用のクーリングタワー（冷却塔）の冷却水に問題の「レジオネラ菌」が繁殖していることが判明したのです。この冷却塔にレジオネラ菌が繁殖し、冷却水中の菌の一部が水しぶきとともに空中に飛散され、菌のエアロゾルとして周辺を汚染し、汚染された空気がエアコンの外気取り入れ口を通して各部屋に供給されたためと判明しました。

レジオネラ菌は、そもそもは病原性の弱い菌であり、通常の人では肺炎になることはまれですが、在郷軍人の人たちは高齢者が多く、旅行中であったこともあり、からだの抵抗力が低下していたので集団発生したものと考えられました。「レジオネラ」とは、在郷軍人会の会員のことを意味することから、この呼び名がついたといわれています。

その後、一九八六年、やはりアメリカで同様の疾患が起こっています。ポンテアックで起こったことから「ポンテアック熱」と呼ばれ、のちにレジオネラ菌が原因であることがわかりました。

この「在郷軍人病」はペンシルバニアやポンテアック特有のものではなく、日本でもいくつかの報告がなされています。しかもクーリングタワーだけでなく、病院のシャワーのなかから発見されたという報告もあります。

わが国では、エアコンの運用が原因で「結核」が集団発生したという事件がありました。原因は、職員の一人が結核菌の保菌者であったために、集団発生につながったといわれる。

そのほかエアコンと関連して、ウイルスや真菌による感染症が発生した事例などが報告されています。また「二十四時間ぶろ」にレジオネラ菌が発見され、話題になったことがありました。

③月曜病（加湿器熱）

一九七七年、イギリスの印刷工場の労働者にインフルエンザに似た発熱、倦怠感、セキ、胸部圧迫感、呼吸困難、体重減少、筋肉痛を訴える人が多発しました。しかも週の初めの月曜日に症状がもっとも強く、週末になると軽快することから「月曜病」とも呼ばれるようになりました。そして調査の結果、加湿器の導風板にゼリー状のものが付着していることが判明し、患者全員がこの物質に対して抗体が陽性を示したことから、この病気はアレルギー反応によるものであることが判明しました。

こうしてこの病気は「加湿器熱」と呼ばれるようになり、以後も類似の報告は数多く報告されています。この病気は次に述べる「換気装置肺炎」とよく似た症状を呈しますが、胸部X線像は正常で、肺に明らかな病変がないのが、「換気装置肺炎」と異なる点です。

原因は加湿器に生えるカビによってひき起こされるアレルギー反応だと考えられていますが、一方で「カビ」が産生する毒素である可能性も考えられています。

④ 換気装置肺炎

エアコンや加湿器に生えたカビが原因で起こる病気に「換気装置肺炎」というものがあります。あまり聞きなれない病名ですが、これはエアコンや加湿器に生えたカビが、運転・使用した際に空中に舞い、それをくり返し吸入しているうちに起こります。

以前はエアコンで起こるものを「空調肺」、加湿器で起こるものを「加湿器肺」と呼んでいましたが、同じようなメカニズムで起こることから、最近では両者をまとめて「換気装置肺炎」と呼ぶようになっています。

症状は、セキ、発熱、息切れが主で、のどの痛みや不快感がみられることもあります。熱は三八℃台の微熱程度から四〇℃までおよぶこともあり、息切れは軽度のものからきわめて重篤なものまでさまざまです。そのほかに、喀痰、倦怠感、食欲不振、体重減少などがみられることがあります。

これらの症状は、エアコンや加湿器を使用し始めてから四時間から六時間して起こるのが特徴で、使用を止めたり、その場所から離れると症状は自然に消失するという特徴があります。また、胸部X線検査で両側肺野にビマン性の粒状の陰影がみられることが多く、ほかに白血球の増加、血沈の亢進がみられます。わが国では、数十例の報告がなされていますが、実際にはこの数倍は発生していると考えられています。

予防は、エアコンの場合は換気装置のフィルターを取り替えてカビが生えないようにすること、また加湿器の場合には水をひんぱんに取り替えて、カビが生えないようにすることです。

⑤ 院内感染

冷暖房時の空気の循環によって、病院内での「ＭＲＳＡ」による感染症の発症の心配もあります。そして場合によっては、生命の維持に重大な結果をもたらすことが懸念されています。

「ＭＲＳＡ」とは、メチシリンその他の抗生物質に高度の耐性を示す黄色ブドウ球菌のことで、院内感染しやすく、敗血症のほか、肺炎、消化管感染症、膿胸、褥創《じょくそう》（とこずれ）などを起こし、治すことが非常にむずかしいとされています。

日本ではセファロスポリン系抗生物質の過剰使用がＭＲＳＡ出現の原因になったといわれます。黄色ブドウ球菌は「トビヒ」の原因になる細菌で、ふつう健康な人の皮膚や口の中などいろいろな場所にいます。健康な人では発病することはありませんが、手術後や抗ガン剤などを使用中で抵抗力の弱っているひとではこの菌が繁殖して重い感染症を起こし、致命的になる場合があるといわれています。

⑥カビによる呼吸器疾患

換気の悪い部屋の空気中にはカビが浮遊しています。主な種類としてはクロカワカビ、アオカビ、クロカビなどがあげられます。そしてこうしたカビが室内の気流によって部屋の隅や壁面に付着することがあります。

また、室内の結露しやすい壁面には、クロカワカビ、アオカビ、ススカビなどが多くみられ、壁面で増殖をくり返し、ふたたび室内の空気中に飛散することになります。

カビに汚染された住宅では、室内空気中のカビ数は外の空気（外気）とくらべると一〇倍多く、風呂場では二〇倍もあったという報告もあります。体調を崩した人がこうした空気を吸うと、カビアレルギー症にかかる可能性が高くなります。

ほかにカビが原因となる病気として、感染症やカビ毒（マイコトキシン）による中毒があります。なかでも「真菌」は真菌性肺疾患を起こすことで知られます。真菌はカビの一種で、大多数の病原性真菌は人体に感染を起こすといわれます。

真菌は、空気中、土壌中、あるいは人体内につねに存在（常在菌）しており、病原性は弱いといわれますが、からだの抵抗力が低下したり、ほかの病気のために気道の抵抗力が低下した部分があったりすると、増殖して感染症を起こすことがあります。

主なものとしては、アスペルギルス、クリプトコックス、カンジダ、ムコール、放線菌などがあげられます。症状は、熱やセキ、痰あるいは血痰を伴うこともあり、肺炎に似た症状を呈するものもありますが、真菌の種類によって症状が異なるといわれます。

⑦ダニが原因の疾患

一九六〇年代に、オランダのフォルホルストらによって、ハウスダストによるアレルギーのほとんどが「ダニ」によることが示されて以来、ダニは吸入性アレルギーの原因物質として注目されています。ダニはぜんそくのみならず、通年性の鼻炎、アトピー性皮膚炎の原因物質としても重要となっています。

ハウスダストのなかに認められるダニは、一般の家庭でも十数種類見られます。これらのダニをまとめて「家ダニ」と呼んでいます。そのなかで、私たちに直接被害をもたらすダニは数種類に過ぎません。たとえば、刺されると強いかゆみを感じさせる「ツメダニ」、人に寄生して疥癬《かいせん》症の原因になる「ヒゼンダニ」、さらに畳や家具や食品に発生して品質を劣化させたり、大量に発生すると白いカビに覆われたようになる「ケナカコナダニ」などが代表的なものです。しかし、ここにあげたダニはアレルギーをひき起こす原因となるアレルゲンとはなりません。

「アレルゲン」となるのは、人のフケやアカをエサとしているチリダニ科・ヒョウヒダニ属の「ヤケヒョウヒダニ」と「コナヒョウヒダニ」です。「チリダニ」はどこの家でもごくふつうに見られるもので、必ずしもアレルギーの患者さんのいる部屋だけに特別多く見られるということではありません。住居内でチリダニがもっとも多く認められるのは寝室および寝具類で、とくにフトンや毛布などに大量に認められ、次いでジュウタン、カーペット、畳の順に多く、フローリングの床がもっとも少ないという調査結果もあります。

アレルゲン性としてもっともこわいのが、チリダニの糞《ふん》です。チリダニのアレルゲン性は生きているチリダニよりも死骸《しがい》のダニのほうが強く、もっとも強力なのがチリダニの糞です。チリダニの糞や死骸が、粉末細粒化して吸入されると、気管支からさらに奥の細気管支まで入りこんで、ぜんそくをはじめとするアレルギーをひき起こします。

実際、小児気管支ぜんそくの原因アレルゲンの約九〇％がチリダニに起因するといわれており、成人の気管支ぜんそくでも、その約五〇％がチリダニアレルゲンによるという報告がなされています。

欧米では、チリダニは「ハウスダスト・マイト（mite）」と呼ばれています。チリダニは、温度二五℃前後、湿度七五％前後の条件下でもっとも増殖しやすく、この条件はダニぜんそくの症状の悪化時期と一致します。また、暖房設備の普及や部屋の密閉化が、冬季でもダニの繁殖に好条件を与える結果となっています。

チリダニは、通常、一カ月で卵から成虫になり、大きさは〇・二～〇・五ミリで、寿命は二～三カ月から一年ほどで、メスは一日に一～二回産卵し、約一〇〇個前後の卵を産むといわれますから、一匹のメスからひと夏で約一億匹とネズミ算式に増える計算になります。

アレルギー素因をもつ子どもでは、乳児期では鶏卵、牛乳などの食物に対する過敏性をもちやすく、食物アレルギーに起因するアトピー性皮膚炎などを発症しやすいといわれ、それが幼児期になるとチリダニにも過敏性をもつようになり、気管支ぜんそくを発症するようになるといわれます。これを「アレルギーマーチ」と呼んでいます。

チリダニに過敏性をもつ気管支ぜんそくの患者さんのいる家庭や、アトピー素因の子どもをもつ家庭では、生活環境のなかから徹底的にチリダニを駆除することがたいせつです。

清浄な空気のたいせつさ

「人びとは毎日、家庭から事務所や学校、ホテルなどをはじめ、自動車、飛行機などの交通機関を利用して、異なった小環境を通過し、さまざまな小環境で喫煙やビルの建材、燃焼機器などから排出される多くの化学物質に曝《さら》されている。そして、これらの化学物質が目や鼻などに刺激を与え、人体に多くの障害をもたらすことにもなり、さらにはガンをひき起こす原因にもつながることもある。この小環境は、外気に比べて二〇〇～五〇〇％の化学物質――いわゆる汚染物質を含み、私たちは一日の生活の九割を、このような条件下の室内空間で過ごしている」

と警告したのは、アメリカ冷凍空調技術者協会（ASHRAE）でした（一九八二年）。

一日のうち九割の時間を室内で過ごすようになった今日、空気への関心はいやがうえでも高まりつつあります。そして、人びとの関心は冷暖房にとどまらず、空気の浄化や気流の調整へと移りつつあります。結論すれば、人びとの空気への関心のゆきつくところは空気の「鮮度」と「清浄度」にあるといっていいでしょう。

近代看護の基礎をつくったイギリスのフローレンス・ナイチンゲール（一八二〇〜一九一〇）は、その豊富な経験から、「清浄な空気」について次のようなことばを残しています。

「建築構造の悪い住居は健康な人を殺す。家の中の空気がよどんでいて、それが絶対に換わらないとなったら最後、病気は必ず続いて起こるのである」

「看護婦の第一の目的は、患者の呼吸する空気を外気と同じように清浄に保つことにある」

「看護であるかどうかを見分ける規準（canon）のまさに第一のもの、看護婦が注意を注がなければならない最初のこと、患者にとって欠くべからざる第一のもの、…（中略）…それは、患者が呼吸する空気を、患者を寒がらせないで、外気と同じように清浄に保つことなのである」

「患者に自分のからだから出てくる高湿で湿っぽくて腐敗した空気を繰り返し呼吸させることは…（中略）…間違いなく回復を遅らせるか、生命を破滅させるやり方なのである」
「患者にとってもっとも安全な空気とは、温度が極端に高すぎたり低すぎたりするときは別として、適切に火が焚かれていて（暖房）しかも窓が開けられているときの空気なのである」
「静かにしているときに、そよ風が頬をなでるのが感じられるほどでなければ、看護婦は空気が新鮮であることに気を許すことはできない」
（ナイチンゲール「看護覚書」より）

マイナスイオンが増えている

私たちが求める理想的な室内環境とはいったいどのようなイメージなのでしょうか。寒くなく、暑くなく、カラッとして、なおかつ潤いのある空気。かすかに感じる風、それとなく甘く匂う空気。適度な温度、適度な湿度、きれいな空気（清浄度）、ゆったりとした風の流れ、ゆらぎ、それにイオン――。それらがバランスよく満たされているときに、私たちは、爽やかさと、清々しさを感じるのではないか。

そんなことを考えていたとき、琉子先生から声がかかりました。

「佐々木さん、空気中のマイナスイオンが増えている」

「エッ……。やっぱり」

じつは琉子先生に、来るときイオン測定器をもってきてくれるよう、お願いしておいたのです。というのは、以前、友人に岩盤浴時のマイナスイオンを測定してもらったことがあって、スイッチを入れて三分後にマイナスイオンが上昇することを知っていたからでした。「もしかして……」と思ったのです。

すでにイオン測定器（神戸電波製）は「二〇〇」のマイナス値を示しています。測定を始めてすぐのときは圧倒的にプラスイオンが多かったのが、徐々にマイナスイオンの数が増えつづけ、まだ上がりつづけています。

「どうしてだろうか」――。思わず二人で顔を見合わせました。

これまで遠赤外線のエネルギーでは空気をイオン化する力はないという意見がありますが、現実に、目の前の測定器はマイナスの数値を上げつづけています。

空気イオンの研究の歴史は古く、一八九九年、ドイツのエルスターとガイテルが空気中に「イオン」を発見したことにはじまります。詳しくは『空気マイナスイオン応用事典』（琉子友男・佐々木久夫=編著、人間と歴史社、二〇〇二）と『空気マイナスイオン実用ハンドブック』（同編著、二〇〇三）を読んでいただくとして、琉子先生は、ラットを使った動物実験から、「空気マイナスイオンは視床下部室傍核、青斑核の活動を抑制し、疑核を賦活する。その結果、交感神経活動を減弱させ、副交感神経を亢進させてストレスを緩和する」ことを検証しています。

また、学生と行なった実験結果から、「運動後のマイナスイオン曝露は、交感神経の活動を抑制したり、副交感神経の活動を促進する傾向があることを示すものであり、スポーツ活動後のマイナスイオン曝露が、対象者の精神状態を安定化させるのに有効である」という結果を報告しています。

まだ、目の前の測定器はマイナスの数値を上げています。

「この数値の意味するところは、人の気分を穏やかにするような効果があるのではないか」と、この数値と肌から、直感としてそう感じ取ったようでした。

「私たち生物は空気を吸って生きています。酸素というのは電子を一個奪う物質、つまり酸化する物質なのです。組織が酸化されるということは、組織から電子がなくなるということを意味しているのです。マイナスイオンというのは、空気分子の中に電子が一個余分についている物質なのです。マイナスイオンと酸化細胞が結合すると電子を供与できるから細胞が中性化する。つまり、還元効果をもっているということです」

そこで琉子先生と最近のマイナスイオンの成果について話がおよびました。

マイナスイオンはガン細胞の増殖を抑制する

「そうですね。たとえば、手術後の患者に水破砕式マイナスイオンを曝露し、四時間後に乳酸値の低下や動脈血のpHの上昇が認められた報告があります。これはマイナスイオンによるSOD（スーパーオキシドジスムターゼ）活性の増加、SODによるミトコンドリアの酸化的リン酸化の亢進が乳酸値低下の原因と考えられています。また、マイナスイオンによる血液のアルカリ化にともない、赤血球の変形能が増加し、赤血球が狭い毛細血管をスムーズに流れ、細胞のすみずみまで酸素を運搬したことも関係していると考えられます」

「また、水破砕式マイナスイオン曝露により、マウスのガン細胞に対するNK細胞の障害活性が増加したこと、胆ガンを皮下に移入したマウスのガン細胞の増殖が抑制されたこと、および生存日数が延びたことなどの報告があります（左頁）。

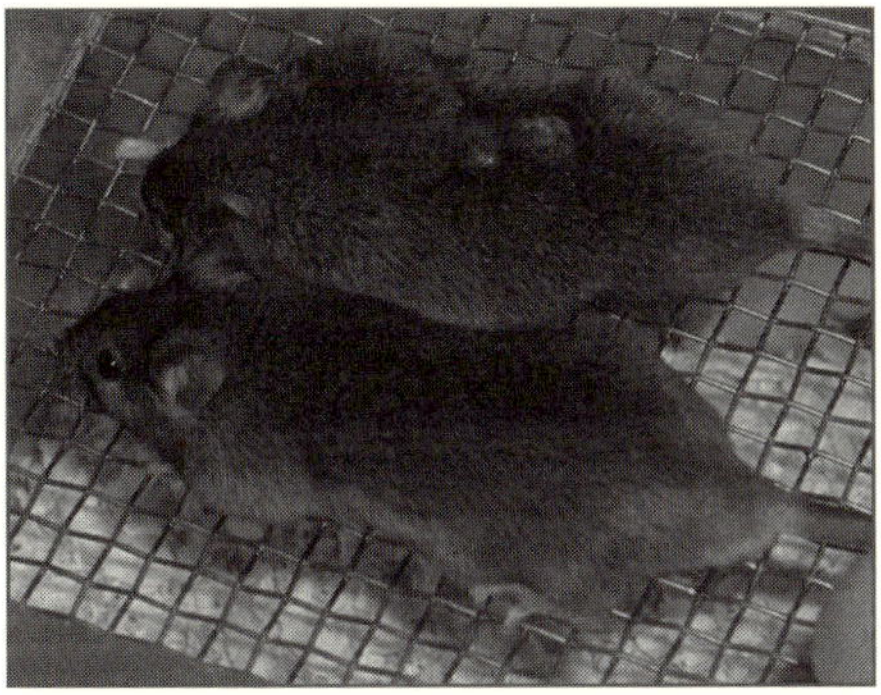

がん細胞の増殖を抑制する効果

- コントロール群のマウスに比較して胆がんの増殖が抑制された
- マイナスイオンによるNK細胞のがん細胞に対する障害活性が増加したことが原因

（矢野間、広瀬、円谷、小西、長、小林、西連寺、本橋、中邨：日本バイオセラピィ学会学術集会、2001.12.7）

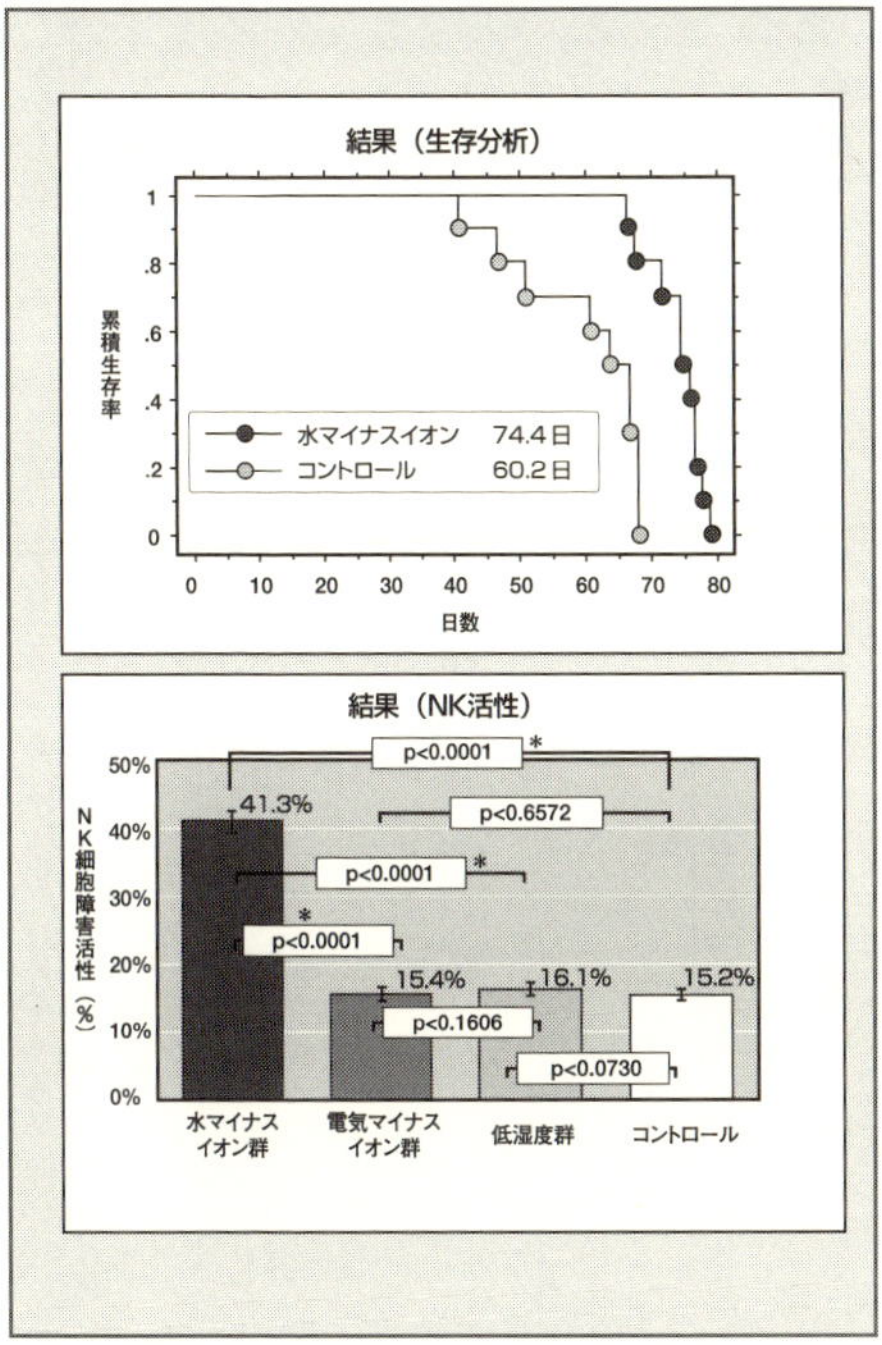

がん細胞の増殖を抑制する効果

- 平均生存日数は、コントロールに対して水マイナスイオン群では、Kaplan-Meier法による検定の結果、有意な延命を認めた
- 水マイナスイオン群では、NK活性が有意に上昇することを確認した
- 電気マイナスイオン群および低湿度群ではいずれも、NK活性の上昇は認められなかった

（矢野間、広瀬、円谷、小西、長、小林、西連寺、本橋、中邨：日本バイオセラピィ学会学術集会、2001.12.7）

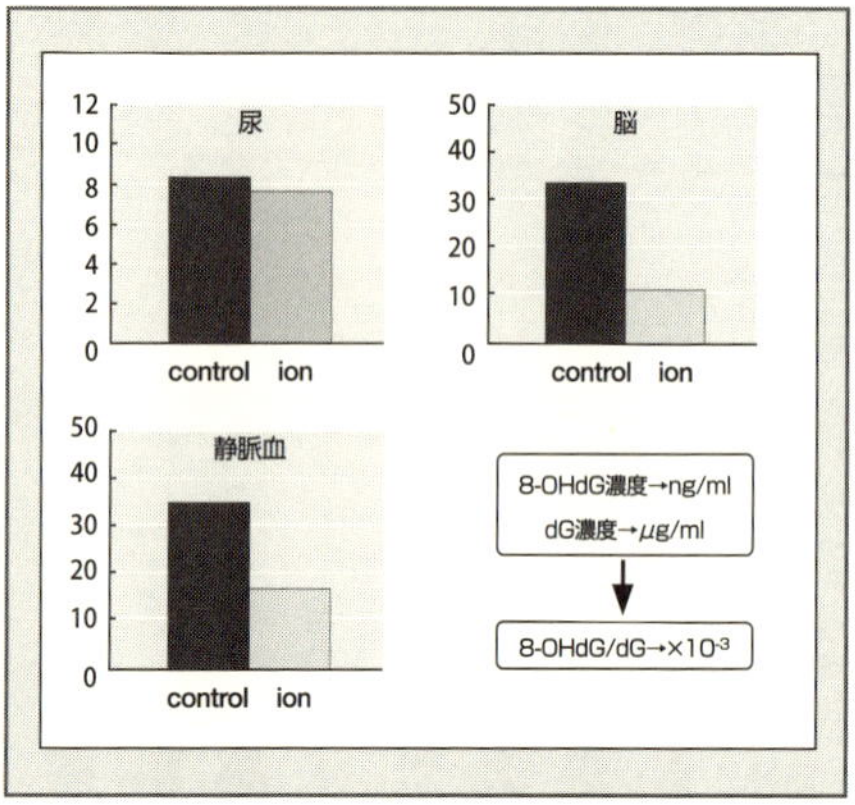

8-OHdG 濃度に対する作用
●ラットにマイナスイオンを１週間曝露しながら飼育した後の尿中、脳内、血中の 8-OHdG/dG　●マイナスイオンには遺伝子の損傷を防ぐ作用があるのではないか？　●がんの発症率を低下させる？　●しかし、例数を増やして更なる検討が必要。
（琉子、高木、塩田、中郵：空気マイナスイオンは遺伝子損傷を防げるか？）

これはマイナスイオンが赤血球膜をマイナス帯電させ、赤血球の凝集を妨げることによって、リンパ球に対するストレスが緩和され、ＮＫ細胞活性に好影響を与えた結果、ガン細胞増殖の抑制が生じたと考えられます。

また、予備実験の段階ですが、最近、われわれは活性酸素によるＤＮＡ酸化で生ずる８－OHdG（８－ヒドロキシデオキシグアノシン）濃度が、一週間のマイナスイオン曝露によって減少することを発見しました（上図）。

このわれわれの実験結果が正しいと仮定すれば、この結果は酸化によって生じた遺伝子損傷をマイナスイオンが抑制することを意味し、先ほどのマイナスイオンによって胆ガンの増殖抑制が認められたとする結果と考え合わせると、非常に興味ぶかいものがあります」

空気イオンがなくなると

ロシアのチジェフスキー（Tchijevsky 一九六〇）は、完全に「脱イオン化」した空気のなかで、マウス、ラット、モルモット、ウサギを飼育する試みを行ない、その結果、二週間でそれらのほとんどは死んでしまったと報告しています。

解剖結果から判明したさまざまな死因にもかかわらず、チジェフスキーは、「生体が呼吸のためにもっとも清浄な空気を受容していても、その空気が最低限、少量の空気イオンを含んでいなければ、深刻な疾患に罹患することになる」と述べ、本当の死因は「空気イオン欠乏」にあると述べています。

また、ドイツのゴルトシュタイン（Goldstein 一九九七）は、プラスイオンが七七±一八個／cc、マイナスイオンが〇個／ccのアクリルガラスケージ内で飼育したマウスやラットと、マイナスイオン四八二±一二八個／cc、プラスイオン六六〇±一四八個／ccの石英ガラスケージ内で飼育したマウスとラットを比べたところ、マイナスイオン〇個で飼育したほうが早死にする（マウスで一六・二±〇・九日、ラットで二三・〇±一・一日）こと、また早死にしたラットやマウスの下垂体腺部や後葉の神経性部分において電顕レベルでの「病理的変性」が認められたことを報告しています。

空気質マイナスイオンの人体影響に関する調査研究

一九七三年に、「密閉構造建築物における空気質マイナスイオンの人体影響に関する調査研究」が、厚生省の委託研究として行なわれています。これは二五人の専門家によって行なわれ、以下のような結果が報告されています。

① 空気イオンの実態からみると、室内イオン濃度は、外気イオン濃度よりも低い。これは空調装置、集塵装置、タバコ煙に加えて、在室人員の変化などによる。

② 粉塵濃度とマイナスイオン濃度とは逆相関をもち、粉塵が増えるとマイナスイオンは減る。これに対して、プラスイオン濃度は反対に、粉塵が増えるに伴い増える。

③ 空気イオン密度は普通、仕事時間中には空気一 ccあたり二五〜一〇〇個であるが、マイナスイオンのほうが不足する傾向をもっている。また、イオン密度が最大で、しかもプラス・マイナスのイオン比が最大になるのは、仕事を始める時刻である。

④ モルモットの発育実験からみると、マイナスイオンを含む空気は、はっきりと発育をよくする。またウサギの血圧に対しては、マイナスイオンに低血圧維持作用がある。

通常、業態によっても違ってきますが、事務所ではマイナスイオンがおよそ二五～一〇〇個ぐらいです。そこにパソコンやコピー機などの事務機器があったり、人数が多いとプラスイオンが優位になります。しかし、目の前のイオン測定器はマイナスイオンが二〇〇個以上あることを示しています。人数は四人。パソコンも使っています。

なぜ、マイナスイオンが増えているのだろう？　はたしてこれも光冷暖システムの効果なのだろうか。どのような作用機序が働いているのだろうか――。もし、かりに光冷暖システムにマイナスイオンを増やす効果があるのであれば、さらなる健康によい効果も期待できるかもしれない。ここに光冷暖システムのもうひとつの可能性、それも大きな可能性をかいまみたような気がしました。

「さて、これをどう解釈するか。何が空気をイオン化しているのか」――その疑問を抱えたまま、その日は帰途につくことにしました。

世界は放射暖房を認めている

話は前後しますが、前回は夏の光冷暖効果を実感したこともあって、改めて冬の光冷暖の効果を確かめるために、十二月のある日、ひとりで東京・品川のモデル・ルームを訪ねました。結果は予想どおりで、その暖かさは「全体から包み込まれるような暖かさ」で、「マイルド」で、それこそ「暖房の存在を意識しない」ぬくもりでした。

再度、部屋を見渡すと天井・壁にセラミックスが施されています。そのとき、改めて気がついたのは、「これはいわば、天井・壁といった建物の躯体《くたい》をフルに利用した放射冷暖房ではないのか」ということでした。

つまり、放射体から放射される遠赤外線が、天井・壁のセラミックスに吸収され、再放射されますから、それだけ「放射面積」が大きくなるということになります。すると、放射体の温度は低くても「放射面積」を広くとれば、「拡大エントロピー」（これは高田紘一さんの造語ですが）によって、「包み込まれるような」「マイルドな」暖かさを実現できます。放射面積が大きくなれば、全体としての放射エネルギーは、温度が低いわりにカロリーが大きい。ですから、この光冷暖は人間にとって、快適性という見地からみて、きわめて望ましい方法ではないかと、改めて思いました。

「そうなのだ。放射体の温度は高くする必要はないのだ。温度を高くすればそれだけ短波長の成分が含まれる。温度が低いほうが長波長成分の遠赤外線が圧倒的に多くなる。それが快適さを生むのだ」――そう、結論に達しました。

わたしが独断でそういっているわけではありません。放射（輻射）暖房に関する国内外の資料・文献を読んでも、みな一様に放射（輻射）暖房を推奨しているのです。そのひとり、アメリカの著名な建築家で、建物と生命との結びつきのたいせつさを提唱しているキャロル・ヴェノリア博士は、『Healing Environments』のなかで「輻射（放射）暖房」を次のように述べて、推奨しています。

「多くの専門家がもっともからだによいと考えているのは『輻射（放射）暖房』です。人間の進化の過程を振り返ると、輻射暖房がよいというのには一理あります。太陽も火も、ともに輻射熱を発します。輻射熱は赤外線となって届き、赤外線を吸収する物質の性質に応じて、その物質を暖めます。空気ではなく、人やものを直接暖め、穏やかで心地よい温もりを感じることができます。

輻射熱は、循環暖房のように人のからだの表面だけに働きかけるばかりでなく、体内の奥深く届きます。細胞内の酵素の働きを促し、中枢神経系、内臓器官などにも作用します。輻射熱で暖まると、空気の温度が低めでも快適で、筋肉を正常な状態にしてゆき、新鮮で活き活きした気分になります」

こうした見解は、日本だけでなく、アメリカもヨーロッパでも共通した意見です。

一泊して光冷暖の効果を体感

二〇一一年の八月三十一日から九月一日にかけて、再度、琉子先生と同行して九州・福岡のモデルハウスを訪ねました。目的は、一泊して、光冷暖の効果を体感することでした。福岡空港に着くと、そこはまさに灼熱の太陽は容赦なく照りつけていました。タクシーの窓からは青々とした山の緑が目に入ってきます。琉子先生と話し込んでいるうちに、目的地に着きました。

タクシーを降りると、そこも猛烈な暑さで、東京とは一味違う暑さでした。セミの声がなき響き、海のほうに目をやると入道雲がわいているのが見えます。気温はゆうに三五℃を超しているでしょう。それに湿度を加えれば体感温度はもっと高いにちがいありません。

そこは瀟洒《しょうしゃ》な一戸建ての四ＬＤＫで、玄関を入って中に入ると天井が高く、吹き抜けのようになっていて、広いリビングとキッチンがあり、バス・トイレ、それに岩盤浴のできる部屋とクローゼットがありました。

「これだけ広いと放射体も一台では間に合わないだろう」

――そう思って二枝さんにたずねると、「これ一台だけです」といった指の先にラジエーター（パイプ・フィンパネル）が設置してありました。

琉子先生と一緒に各部屋の温度計を確かめてまわると、どれも「二五℃」近辺を指しています。その「涼感」は品川のモデルルームで体感した、あの「質」と同じものでした。

話題は自然と「セラミック」のほうへと移っていきます。そのなかで、二枝さんは、光冷暖の性能をアップさせるために、セラミック加工をほどこした「光冷暖カーテン」を開発中だと告げました。

「光冷暖は遠赤外線の反射・共鳴により冷暖房機能が発生する理論ですので、発熱体だけでなく、壁・床・天井などの受信体側の性能も重要です。その策のひとつとして光冷暖カーテンを開発しているところなんです」

——話題は尽きず、座談は夜半までつづきました。その夜、いよいよ睡眠時の涼感を体感することになりました。まず、寝苦しさの元凶である蒸し暑さがありません。また、エアコンのような風がなく、呼吸が楽に感じられます。そのまま深い眠りに就きました。

翌朝、琉子先生はすでにベッドを離れ、テレビをみていました。どうやら、わたしは寝過ごしたようです。琉子先生に感想を聞くと、「いやあ、快適でした。よく眠れましたよ」といわれ、光冷暖の性能の高さと、そのクオリティに、二人とも納得したのでした。

光冷暖の省エネ性能の研究

翌九月一日、二枝さんから国立・九州工業大学と光冷暖の性能について共同研究していることを聞かされました。そこで琉子先生と北九州にある「九州工業大学」を訪ねました。切り通しでつくられた高速道路を走り、市内の緑に囲まれたところに大学はありました。三谷康範教授（環境マネジメントセンター長）と山田久文教授が応対してくださり、実験室を案内してくれました。実験のコンセプトは光冷暖の省エネ性能ということでした。

三谷教授は、「最新のエアコン、ここ一〇年ほどでものすごく進歩していますが、その最新型のエアコンに対して、光冷暖は空気温度を暖めるという意味では同じ性能をもっています。人体に熱を伝える原理をきちんと解明できてうまく伝えれば、そこからは従来のエアコンに勝ちます。わたしの専門の電気エネルギー的に考えて、いかに電気エネルギーを少なくして人間を『温める』『冷ます』という効果を、光冷暖の研究によって追究できると感じています」といわれました。

また山田教授は、「どうして暖かくなるんだろう、どうして涼しく感じるのだろうということを解明できる絶好の機会をいただいてよろこんでいます。大変おもしろい実験結果をうかがって、いろいろわかりやすい説明ができると確信しています」と話されました。

やはりテーマは、光エネルギーの伝達と人体の温度感覚にあるということがわかりました。光冷暖の「省エネ」効果が証明されれば普及は格段に進むだろう、と思いながらもときた道をたどりました。

利用者の声

福岡へと戻ると、そこでさまざまな利用者の声を見聞することになりました。わたしの体験はあくまでわたしの経験であって、利用者の声は客観的です。

建築家（ＡＰＳ設計室）の半谷仁子代表も、このモデルハウスに宿泊して光冷暖を体験されたひとりだそうです。

「鍾乳洞とか洞窟のような冷房は知っていました。輻射冷暖房のいままでの感覚と一緒かな、同じ体感かなと思っていたら、そうではなく、さわやかですね。森林浴のような感じで、そこがすごく違いました。もうひとつは、ホコリがないというのは想像していたのですが、ネムの木が部屋のなかにあってそこにホコリが落ちていない。その植物があまりにも美しくて、シャンデリアにもホコリがなくすごいなと。空調が空気温を変えるということでなく、この体感とはなんてすばらしいのかと。初めての価値観でしたので、本当にすごいなと思いました」

また、島根県に住む和田雅之さんは、奥さんと二人暮らしで、一八〇平方メートルの自宅に光冷暖システムを導入して半年以上の経験から、こう語っています。

「なにかさわやかな感じで、エアコンとくらべるとぜんぜん違いますね。快適さはもう問題にならないくらいです。光冷暖の居心地は夏ですとさわやかな感じで、冬はほんのりというか、ホワッとくるような感じです。正直信じられなかった」

福岡市博多区に住む入江克己・芙沙子さん夫妻は、光冷暖の快適さを、次のように語っていました。

「快適そのもの。心のなかまで爽やかになりました。実際にいまはもう咳・くしゃみがあまり出ないし、魔法の家にいる感じです（克己さん）。クーラーは風がくるでしょう。ですから一晩クーラーをかけていたら変になるので、タイマーをかけておかないといけない。光冷暖はぜんぜんその心配がないです。この家にきてから二十四時間冷暖房を切ったことがないです（芙沙子さん）」。

福岡市の美容室「SARA Beauty Sight Fukuoka」の副社長・七種丈さんは、その省エネ性とデザイン性をこう強調していました。

「十二月のデータで、従来の約半分くらい光熱費が安くなりました。でも一日中つけっぱなし、二十四時間です。逆に消してしまうと、最初の電力のほうが強くなってしまうので、つけっぱなしのほうがコストが下がります」

積水ハウスの佐藤雄一部長は、「いろいろな建物を見てきて『いい建物』はたくさんありましたが、『いい空調の家』というのははじめて出会いました。温度差のない家をつくるのが夢でした。トイレ、洗面所、廊下、階段も……。今回はじめてエアコンではなくそれができる。空気を暖めたり冷やしたりしてないから、これはものすごい話だと思います」と、その三十年にわたる経験から光冷暖を評価していました。

なかにはこんな意見もありました。

「風が発生してないわけです、光ですから……。風が発生してないということは、ホコリが舞わないということで、衛生的に非常にいいのではないか。からだの弱い立場の子ども、お年寄りにとって、また病院といったところには本当にいいものではないかと思います」（竹中周司さん）

こうした実際のユーザーの声を集約すると次のようになります。

① **快適性**……風が発生しないので、温風で顔がボーッと暑苦しかったり、目や肌が乾くことがない。逆に夏はクーラーでからだの一部だけ冷えてしまう不快さからも解

放される。

② **衛生性**……風が吹かないためホコリが舞い上がることがないため、空気中の細菌やウイルスの拡散を抑制する。

③ **省エネ効果**……部屋の温度差が小さく、しかもエアコンにくらべて電力が少なくてすむ。

自然エネルギーの動向と合致

北九州市の芝浦グループホールディングは、日本が誇る太陽光発電のトップランナーで、第三回「エコプロダクツ大賞」の優秀賞や、第一〇回「新エネルギー大賞」の経済産業大臣賞など、太陽光発電技術で数々の賞を受賞した会社です。その会長である新地哲己氏は光冷暖についてこう語っています。

「いままで五～六年、新エネ、省エネ技術でいろいろなところを見て回っています。遠いところではロサンゼルスまで行き、中国、韓国も回ってきました。今回は、わたしは二時間半で感動しました。いままでにまれに見る早さで『これはすごいな』と思いました。空調を長年やってきていますが、暖房のときにいつも足元が冷たい。だから床暖房を入れるのです。床暖房を入れれば電気代が増える。モデルルームに二時間半いて二枝社長と話をしているあいだに、わたしは足元ばかり気にするのですが、いくら話していても足元がぜんぜん冷たくならない。これはすごいと思って、グループの社長を二人連れて行って、その人たちの顔をみて『これは本物だな』と思った」

医療者の声

愛野歯科口腔外科クリニックは、全国で歯科医院として初めて光冷暖システムを導入した医療機関だそうです。

「ウイルスとかが舞わないということで光冷暖に飛びつきました。大きな施設、病院などは上からエアコンの風が降りてくると、術場ではホコリも落ちるし、ウイルスも飛び交うので、それが防げる。患者さんは何ら違和感なく術場に入って、快適なまま手術を受けて、そのまま帰って行かれるという流れがいちばんいいわけです。初期投資としてどのくらいかかるか、ランニングコストがどれくらいかもお聞きしたところ、細菌とかウイルスが舞わないというメリットを考えれば何ら問題はないと。それで最初に四機も導入しました」（池田美保子副院長）。「風が当たらないのでイヤな感じにならないのがいちばんですね。歯科治療というのは集中して口の中を見ると、どうしても暑くなってしまうんです。光冷暖システムですとそれが抑えられて、患者さんもドクターも汗をかかないので非常に快適にできます」（池田秀吉院長）

地球温暖化と光冷暖システム

地球温暖化と光冷暖について、九州財界の重鎮である水口敬司氏はこう語っています。

「空気は断熱材ですね、そういういちばん熱が伝わりにくいものを従来のエアコンは使っていた。光冷暖は遠赤外線で直接エネルギーのやり取りをするので、ものすごく効率がいいし均一であるということですので、これはやはり革命ですよ。地球温暖化対策としてもっとも貢献するのではないでしょうか」

日本住宅新聞の田部義司社長とは、わたしも面識がありますが、光冷暖を体験したひとりとして、次のように話しています。

「風もないし、体感温度がいい。健康に良いし、CO_2は出さないし、エネルギー革命で、これほど住宅環境を解決するものはない。健康住宅を提供する工務店にはもってこいの差別化商品だということです」

大量死時代に備える

わたしはこれまで三十七年間、さまざまな医療問題と向き合ってきました。なかでも、もっともこだわってきたのが、ガン患者の「終末期医療」、とくに「ホスピス・ケア」の問題です。病院死が在宅死を初めて上回ったのが、一九七七年のことでした。それ以来、ガン患者の死亡場所は圧倒的に医療機関がその中心となってきました。しかしここにきて、状況が変わってきています。

というのは、いまや二人に一人がガンにかかり、そのうちの三人に二人がガンで死亡するという時代になってきたからです。まさに、ガンは「国民病」となりつつあるのです。

そこで問題となるのが、人生最期のあり方や終（つい）の場所です。わが国では、急性病院の病床数や入院期間は法律で制限されています。たとえその数を増やしたとしても、ガン末期患者すべてを病院で収容しきれるでしょうか。すると、どうしても「在宅医療」に頼らざるを得なくなってきます。そうした背景もあって、いま「在宅医療」「在宅ホスピス」が注目を集めているのです。厚労省も「在宅療養支援診療所」を導入して、病院から在宅ケアへとシフトさせようとしています。

その在宅ケアで、もっとも大切になるのが「ＱＯＬ＝クオリティ・オブ・ライフ」（生命の質、生活の質）の問題です。

病院という管理されたところでは、患者はひとりの病人として扱われます。在宅なら病人は二十四時間自由で、欲しいままに時間を使用することができます。誰にも妨げられずに思索することもできます。また家族、知人や隣人と自由に面接することもできます。いまは携帯電話が普及していますから、それを通じて孤独な心が慰められることもできます。

空間からいえば、在宅であれば狭いながらもすみずみまで知りつくした自己の空間です。しかも、家のなかで家族に囲まれることによって生活が見え、声が聞こえます。そこで患者さんは最期まで、人間としてのアイデンティティを保持することができるのです。

この、人生最期のときを心地よく、快適に過ごすように室内環境を整えることは「ＱＯＬ」の実現において、非常に重要な要因となります。人生最期の一滴、一滴、二十四時間をどう過ごすか、その心地よいクリーンな環境づくりの一環として「光冷暖」は価値があると思います。しかも、その時間を家族とともに共有し、過ごすことができれば、患者さんのスピリチュアルペインも軽減されるのではないでしょうか。

わが国はやがて「大量死」の時代がやってきます。その最大の集団が、いわゆる「団塊の世代」です。終（つい）の住処（すみか）を健康のときから考え、備えておかねばなりません。その一環として、快適な室内環境を充実させておくことはとてもたいせつなことです。

あとがき——消耗の世界から豊饒の世界へ

「遠赤外線」ということばを初めて聞いたのは一九八〇年（昭和五十五）のことでした。以来三十二年のあいだ、遠赤外線の変遷をみつづけてきました。その私にとって「光冷暖システム」との出会いは、これまでとは一味も二味もちがった、衝撃的なできごとでした。「光冷暖システム」はこれからの遠赤外線の一つの方向性を示しただけでなく、「冷暖房」そのもののありようを世界に問いかけたと思います。

本書はエアコンの欠点をあげつらう目的で書いたものではありません。ただ、空気を暖めて室内を暖房する、あるいは冷房するという方法は、効率の面からいっても、健康のリスクからみても、あまり得策でないことはたしかです。

これまで、エアコンの役割は、どんな環境においても技術の力で、どんな温熱環境をもつくりだすことにありました。しかし、それはエネルギーがたっぷりあって、コストを気にしなければの話です。

もはや、「暑すぎたらもっとエネルギーを使って冷やせ」「冷えすぎたらもっとエネルギーを使って暖めろ」「もっと化石燃料を使え」という時代は過ぎています。そうした価値観は地球温暖化に逆行するばかりでなく、生活そのものの破壊につながっていくことを、私たちは認識すべきときにきています。

私たちは、近代工業の高い経済性はそのすぐれた技術力にあると信じてきました。しかし実際には、その高い経済性はすぐれた技術力にあるのではなく、むしろ採掘するだけですぐに使える「石油」（あるいは石炭・天然ガス）というすぐれたエネルギーにあったというべきでしょう。石油という高エネルギーがあったからこそ、いまの私たちの文明の繁栄を築くことができたのです。しかし、その石油の埋蔵量もすでにピークをすぎ、枯渇へとまっしぐらに向かいはじめています。

二十一世紀は「資源欠乏」の時代です。そろそろ私たちも、消耗だけの世界から豊饒の世界へとパラダイムシフトすべき時を迎えています。

たとえば、新世代の自動車が、走れば走るほど空気を浄化し、飲み水をつくり出すようなものにすることはできないでしょうか。建物自体が、食べ物やエネルギー、あるいはきれいな水を提供してくれるようなデザインはできないでしょうか。木のように、消費するよりも多くのエネルギーを生産し、みずからの廃水を浄化する「建物」をつくることはできないでしょうか。

排水が飲み水になるような工場をつくることはできないでしょうか。使い捨ての廃棄物をつくるのではなく、自然に還って植物や動物、土壌の栄養素となる製品をつくることはできないでしょうか。商品やサービスを運びながらクオリティ・オブ・ライフを向上させる輸送機関を構築することはできないでしょうか。

環境汚染ではなく、消耗の世界ではなく、豊穣の世界をつくることはできないか——。そんなことを帰りの飛行機のなかで考えていました。光冷暖が豊穣の世界を創出することをこころから期待します。そして、このすばらしい光冷暖システムを開発した二枝さんに、糸川英夫先生の、次のことばを贈りたいと思います。

「構造的にも世界でたった一つしかない、ユニークな設計のヴァイオリンです。……このように奇想天外なヴァイオリンはほかにないのですから。……そしてつくっていくための方法論も、発想のスタートから製作のプロセスまで、すべてが常識外の産物なんです」

最後になりましたが、今回の上梓にあたって、協力をいただいたすべての方々に感謝いたします。まず琉子友男博士、一緒に光冷暖を体験できたことはうれしいかぎりでした。

その知力をもって、このシステムが生みだす生体に対する効果と、そのメカニズムを明らかにしてくださることを願っています。利用者の声を取材したビデオのなかから本書への掲載を許可してくださった「カウテレビジョン」の高橋康徳社長に、深く感謝いたします。また、お忙しいなか対応してくださった九州工業大学の三谷康範教授、山田久文教授には、ぜひとも光冷暖システムの省エネルギー性を立証していただきたいと思います。日本エコソリューションズの坂本明さん。そして高田紘一さん、『実用遠赤外線』のなかから多数引用させていただきました。感謝いたします。

また、Anny Group の浦津由美子・マネージャー、車で九州工業大学まで送迎してくれた直幸さん、そのほか Anny Group の皆さんに感謝するとともに、光冷暖を武器に、豊穣の世界の実現に向けて邁進してくださることを願います。

最後に、取材・編集に協力を惜しまず、本書をまとめる機会を与えてくださった「石の癒」の二枝たかはる社長に感謝いたします。

二〇一二年一月

佐々木久夫

参考文献

高田紘一、佐々木久夫ほか、『実用 遠赤外線』、人間と歴史社、一九九九
琉子友男、佐々木久夫、『空気マイナスイオン応用事典』、人間と歴史社、二〇〇二
琉子友男、佐々木久夫、『空気マイナスイオン実用ハンドブック』、人間と歴史社、二〇〇三
佐々木久夫、『遠赤外線暖房の時代』、人間と歴史社、二〇〇五
佐々木久夫、「ここまできた遠赤外線」、日経産業新聞、一九八八年四月二二日号
佐々木久夫、松下和弘、吉沢久子、「遠赤外線は味工場」、日経産業新聞、一九八八年一〇月四日号
佐々木久夫、「遠赤外線の科学」、『毎日ライフ』、一九八八年、毎日新聞社
佐々木久夫、「遠赤外線 やわらかい科学の時代」、『第三文明』、一九八九年三月号、第三文明社
佐々木久夫、『空気の質と健康』、人間と歴史社、一九九六
佐々木久夫、小松明、『音楽療法最前線』、人間と歴史社、一九九四
鈴木荘一、佐々木久夫、『ひとはなぜ、人の死を看とるのか』、人間と歴史社、二〇一一
阿久津邦男、『汗が演出するサウナ』、人間と歴史社、一九八二
松下和弘、『遠赤外線とNMR法』、人間と歴史社、一九八九
高嶋廣夫、『小さなエネルギー その機能と応用』、人間と歴史社、二〇〇八
山崎敏子編、『遠赤外線療法の科学』、人間と歴史社、一九八七
佐藤義雄、『遠赤外線の戦略』、人間と歴史社、一九九五
キャロル・ヴェノリア、石田章一訳、『呼吸(いき)する環境』、人間と歴史社、一九九九
永井友二郎、『人間の医学への道』、人間と歴史社、二〇〇四
ウイリアム・マクダナー、山本聡ほか訳、『サステイナブルなものづくり』、人間と歴史社、二〇〇九
大森豊明、『赤外線のはなし』、日刊工業新聞社、一九八六
小出昭一郎ほか、『エントロピーとは何だろうか』、岩波書店、一九八九
ジェレミー・リフキン、竹内均訳、『エントロピーの法則』、祥伝社、一九八二
R・N・ハーディ、『温度と動物』、佐々木隆訳、朝倉書店、一九八〇
黒島晨汎、『環境生理学』、理工学社、一九九三
中山昭雄、『温熱生理学』、理工学社、一九八一
小川徳雄、「赤外線照射と生理反応」、『遠赤外線の最新技術とその応用』、技術情報センター、一九九〇

付録　遠赤外線用語解説

（出典：『実用 遠赤外線』、人間と歴史社、1999）

基本的事項

❶ 物質の基本構造

「物質」の性質をもつ最小単位は「分子」または「原子」である。すべての物質は複数の原子からなる単一の分子、もしくは原子の集団として存在している。

「原子」は原子核の周りに原子番号に対応する数の「電子」がいくつかの定まった軌道上を旋回する構造となっており、隣接もしくは近傍にある別の原子の軌道上を旋回する電子との位置関係によって、原子間の距離が伸び縮みする規則的な「振動」をくり返している。

「分子」は複数の原子からできているため、これらの原子の軌道電子同士の位置関係によって、必ず一定の「振動（固有振動）」をくり返している。

一般に、「金属」では原子同士が外側の電子軌道を共有する形で格子状に規則的な結合をしており、軌道電子が簡単に隣接する軌道に移ることができる。そのため、物質内部をかなり自由に移動できる。金属の「電気伝導性」が高いのは、この「構造」によるものである。この「金属結合格子」は距離が短いため、軌道電子の旋回に基づく振動の周期は分子構造をとる「有機物」や「セラミックス」の振動周期に比べて短い。

一方、有機物質や無機化合物、セラミックスなどは複数の原子から

なる単一分子が電気的な引力（イオン結合）や電子軌道の共有（共有結合）、あるいは分子間の引力によって集合体を作っている。そのため、原子や分子間の結合距離は金属格子の２倍以上長く、振動周期も長い。

❷ 基準振動と固有振動

複数の原子からできている「分子」は、隣接する原子間の軌道電子の位置関係によって規則的な振動を行なっており、これらを分子の「基準振動」と呼んでいる。

「酸素（O_2）」や「窒素（N_2）」といった同種の２原子からなる分子は直線的な分子構造であり、同種の原子であるため、電気的にバランスの取れた「完全対称振動」を行なっている。そのため、外部の電磁振動とは何ら相互作用を行なうことはない。しかし、同じ２原子分子でも「一酸化炭素（CO）」などの場合では、直線的な振動は同じであるが、異種原子間であるため、電気的なバランスが不安定なため、分子自体が一方向へ移動するような「作用力（並進運動）」が働く。

１つの分子が三つの原子からできている「３原子分子」では、振動のモードがやや複数になる。たとえば「水（H_2O）」の分子の構造は、酸素原子が中央で左右に水素原子が配置されているが、２つの水素と１つの酸素が作る角度が約104°の扇型になっており、酸素と水素間の２つの原子間結合格子の基準振動（伸縮）と水素原子間での基準振動（変角）の２種類で、合計３個の基準振動があり、それらの組み合わせの結果として３つの振動モードが現れる。

また、同じ３原子分子でも「二酸化炭素（CO_2）」のような直線状の分子の場合では、炭素原子−酸素原子間の基準振動が２個あるだけで、２つの基準振動が同時に伸縮する「対称伸縮振動」と、一方が伸びるときに他方が縮む「非対称伸縮振動」の２つのモードしか現れない。

1つの分子が4つ以上の原子からなる「多原子分子」では、個々の原子間結合格子による基準振動の組み合わせは、結果として、多数の振動モードが現れる。

このように、分子を構成する原子の配置が決まれば個々の格子振動が決まり、それらの組み合わせの結果、振動モードも決まる。これらのモードや振動数は、分子構造ごとに決まる固有値であり、これを分子の「固有振動」という。

3（分子の）エネルギー準位

「物質」としての特性を有する最小単位である「分子」のおかれた状態が、物質そのものの「性質」や「機能」を決定する。この分子の状態は、分子構造と「エネルギー準位」によって決まる。

分子の内部では「構造」、すなわち原子の配列状態に起因するいくつかの振動があり、分子の「エネルギー準位」と「振動状態」とは密接に関連している。

現代量子論では、物質のエネルギー状態を「静止質量」と「運動量」の和として扱い、連続に変化する量としてではなく、デジタルな「量子数」から派生する量として扱っている。したがって、分子のおかれたエネルギー状態は連続的に変化するのではなく、階段状の「準位構造」のうちのどれかのレベルを選択して、その準位のなかで振動していると考えている。

分子のエネルギー状態がある準位から別の準位に移ることを「遷移」といい、上のレベルへの遷移は「励起」であり、いったん上がったものが再び元のレベルに戻る遷移過程を「緩和」と呼ぶ。

エネルギー遷移が起こると、分子の状態や構造が変化する。たとえば、原子の軌道電子がその旋回軌道を飛び出すような遷移は分子の「イオン化」を意味し、このときは「分子が活性化された」という。

分子のエネルギー準位は、通常の温度変化では同一の準位内での振動励起にとどまっているが、数千℃以上の高温になると電子が別の

軌道に遷移したり、外側付近の軌道から飛び出してしまい、「イオン化」が起こり始める。また温度が上がらなくても、紫外線、X線、電子線、放射線といった高エネルギー電磁波を照射すると、電子が本来の軌道からはじき出されて「イオン化」が起こる。

「赤外線」のエネルギーは、可視光の少なくとも4分の1よりも小さく、分子内の軌道電子のエネルギー準位に変化を与えるほどの力（ポテンシャル）はまったくない。しかし、分子の基準振動や固有振動エネルギーとは同一レベルにあり、量子的な条件が満たされれば、これらの振動に遷移を引き起こすことは理論上可能である。

4 電磁放射

物質が温度上昇、外部からのエネルギー投入、自発的な核分裂または原子核崩壊などによってエネルギー準位に「遷移」を起こすときに、そのエネルギー遷移量に相当する「電磁波」または「光子」が外部へ放出されることを「電磁放射」という。このうち、物質の温度に対応して低温での長波長側から高温で次第に短波長側の電磁波を放射する現象を「熱放射」と呼ぶ。

一方、温度変化によるエネルギー遷移ではなく、電磁気的な「振動励起」や「光エネルギー」の入射によって物質内にエネルギー遷移を引き起こし、特定波長帯の電磁放射を行なうものを「冷放射」、または「ルミネセンス」という。

私たちが利用しようとする「遠赤外線」は「熱放射（温度放射ともいう）」によるものであるが、「常温域」での利用については、将来的には「冷放射機構」によるものも出てくる可能性はあるかもしれない。

5 電磁波

「電磁波」とは、私たちが日常使う「光」と同義であるが、光が可視光を中心とする比較的狭い波長領域（一般的には紫外線から赤外

線まで）で使われるのに対して、「電磁波」はすべての波長（または振動数）領域にわたって用いられる。

電磁波はエネルギ–のひとつの形態であり、直交する電場振動と磁場振動が交絡しながら、電磁振動エネルギ–として物質中や真空中を進行する。

電磁波は温度をもつすべての物質から「放射」され、かつ「吸収」される。また、電気的な発振回路からも放出され、外部から物質中に入射した電磁波によって励起された物質から二次的に放出されることもある。

❻ 遠赤外線（遠赤外放射）

前項で述べた電磁放射のうち、可視光の短波長端である赤色光（0.74μm ＝ミクロン）よりも長波長側から波長 1000μm（＝1mm）までの領域に相当する電磁波を「赤外線」という。

「遠赤外線」はこの赤外線をさらに細分化して「近赤外線」「中赤外線」「遠赤外線」の 3 種類に分けたり、これに「超遠赤外線」を加えて 4 つに区分けする説、また単に近赤外線と遠赤外線の 2 つに分ける説などがあって、それぞれの境界波長についても学界や業界ごとに区分方法がまちまちであり、定説といったものはないのが現状である。

現在、用語については 2 つの用語を併記すること、波長域については、定義には数値を入れず備考欄を設けて、「学会、協会により 3μm、4μm、もしくは 5μm のいずれかが下限値として決められている」としている。ちなみに、（社）遠赤外線協会では近赤外線と遠赤外線との境界を〈3μm〉とすることで合意されている。

※備考（1）波長範囲については、IEC 50(841)(1983)、International Electrotechnical Vcabulary, Chapter 841、Electroheat では、4μm から 1mm までとしている。その他の例として、日本電熱協会では 4μm ～ 1mm としている。
※備考（2）「遠赤外線協会」では、遠赤外線の波長範囲を約 3μm ～ 1mm としている。

❼ 入射

媒質中を進行する「放射（電磁放射）」が別の媒質との境界面に到達することを「入射」という。ただし、媒質の内部に進入すること（これを浸透という）ではないことに注意を要する。

❽ 吸収

媒質中を放射が進行するときに、その媒質との相互作用によって放射のエネルギーの全部もしくは一部が別のエネルギー（たとえば振動、熱など）に変換されることを「吸収」という。遠赤外放射の場合は、媒質分子の伸縮・変角・回転振動との相互作用により、これらの振動状態を変化させ、結果として熱エネルギーに変換される。

❾ 反射

ある媒質中を進行する放射（電磁放射）が他の媒質または同質であっても、何らかの不連続的な変化のある境界面に入射し、その波長または振動数を変えずに進行方向を変え、もとの媒質中を進行することを「反射」という。

入射する境界面への入射角と反射角が等しくなるような反射を「正反射」といい、反射する放射の強度がどの方向にも一様であるような反射を「拡散反射（または「乱反射」）という。

❿ 透過

「透過」とは、放射（電磁放射）がその波長、または振動数を変えずに媒質中を「通過」することをいう。

⓫ 浸透

「浸透」とは、ある媒質に入射した放射（電磁放射）が媒質内を透過して、直接内部まで「到達」することをいう。

媒質の表面で吸収され、変換されたのちの熱エネルギーとして内部

に伝わるものも含めて「浸透」という場合もあるが、たとえば「遠赤外線が人体の深部まで浸透する」という表現は明らかに後者の用例であり、こうした表現はあたかも遠赤外線が直接人体内部まで透過できるかのような誤解を招くものであり、使用法として適当ではない。

⑫ 放射熱伝達

「放射熱伝達」とは、熱エネルギーが放射と吸収というプロセスによって相手物質に伝達される「エネルギー移動の方式」をいう。

熱伝導や対流熱伝達が固体や液体・気体などの熱媒体を介してエネルギー移動が行なわれるのに対して、「放射熱伝達」では空間を飛び越えて熱源から直接相手物質の格子振動または回転振動に熱エネルギーが伝達される。液体や固体の内部でも放射熱伝達は起こっているが、一般的には固体の熱伝導の中に含めて扱われており、他の熱伝達方式と区別するのは困難である。

測定および量

⑬ 黒体または理想黒体

「黒体または理想黒体」とは、すべての波長の電磁放射を完全に吸収する仮想上の物体をいう。黒体からの熱放射を「黒体放射」といい、あらゆる温度と波長における熱放射の最大値となる。

黒体そのものは実在せず、各温度と波長ごとの「黒体放射量」はマックス・プランクの放射式による理論計算から求められる。

⑭ 放射率

「放射率」とは、ある物体からの熱放射と、それと同一温度にある黒体放射との比を%（パーセント）で表したものをいう。

波長または波数ごとに黒体放射との比率を求めたものを「分光放射率」といい、これを連続的に曲線表示したものを「分光放射スペクトル」という。

遠赤外放射材料の優劣を評価するための示性値として「放射率」がよく用いられるが、得られた数値に対する誤解や解釈のゆき過ぎが多く見受けられる。ある物体（測定試料）からどのようなエネルギー分布と強度の放射が行なわれるかを示すひとつの物性値が「放射率」であるが、これはただちに物体そのものの放射特性の優劣を示すものではない。

まず、「放射率」とは、ある特定の形状をした試料を用いて特定の測定装置、測定方法および測定条件によって得られた「実験値」に過ぎないことを理解していただきたい。したがって、放射率の数値はこれらの測定に関わる与条件を別のものに変えれば大幅に変化する。たとえば、測定試料については、物質の種類・純度・密度・形状・厚み・含有水分・表面の平滑度などによって放射率の値が大幅に変わる。

また「測定条件」については、用いる装置や測定温度によって、測定できる波長範囲が変わり、一般的な赤外分光放射計を用いる場合には、最良の測定条件下でも測定可能な波長範囲が 2 μ m くらいから 20 μ m くらいまでと、遠赤外線の全波長域のごく短波長部分しか測定することができないうえ、試料からある一定の立体角内の放射しか測定の対象となっていない。

以上のことから、遠赤外線の波長域のごく短波長部分について、特定の試料・測定条件から得られた実験値としての放射率は試料全体の放射のごく一部分しか示していないことが理解いただけると思う。

⑮ 放射発散度

「放射発散度」とは、放射体の単位面積・単位時間当たりに発散する放射エネルギーのことをいう。

この絶対値を正確に測定することができれば、物体の放射性能を把握することができるが、実際には測定可能な波長範囲や温度、測定の立体角上の制約などがあって、絶対測定には技術的な困難をともなう。

⑯ 放射強度

「放射強度」とは、放射体からある方向に向けて放射される単位立体角、単位時間当たりの「放射エネルギー」をいう。

放射率の測定では、分光放射計を用いて、まず所定の温度における試料の波長別放射強度を測定し、同一温度の黒体炉の放射強度との比を求めて分光放射率を算出する。このようにしてある特定の立体角内での放射強度測定から求めた放射率のことを「方向分光放射率」といい、測定の立体角を 0°から 180°まで変化させて半球面状に方位積分をしたものを「半球面放射率」という。試料からの放射の全貌を知るには半球面放射率を求めることが望ましいが、測定装置自体が高価なうえに、測定と解析に特別の技能を必要とするため普及度が低い。

⑰ 反射率

「反射率」とは、物体の表面で反射する放射（電磁放射）の強度と入射する放射の強度との比率を%（パーセント）で示したものをいう。

ある波長範囲にわたって入射波長別に反射率を求めたものを「分光反射率」といい、これを連続曲線として表したものを「分光反射スペクトル」という。

入射した放射（電磁放射）が物体との間で起こす一次的な相互作用は反射・吸収・透過のいずれか、もしくはこれらの合算事象であるため、「反射率」は後述の吸収率と透過率の和を 1 から差し引いた値に等しくなる。

⑱ 吸収率
「吸収率」とは、物体に吸収される放射（電磁放射）の強度と入射する放射の強度との比率を%（パーセント）で表したものをいう。

⑲ 透過率
「透過率」とは、ある厚み（距離）をもつ物体を透過する放射（電磁放射）の強度と入射する放射の強度との比率を%（パーセント）で表したものをいう。

材料・素子

⑳ 遠赤外（線）放射材料
一定の温度域における放射の主たる部分が遠赤外（線）放射であり、かつ一定の水準以上の放射率を有する材料を「遠赤外（線）放射材料」あるいは「遠赤外（線）放射材」、もしくは「遠赤外（線）放射体」という。

㉑ 高効率遠赤外（線）放射材料
放射の主たる部分を遠赤外放射が占め、かつ高い水準の放射率を有する材料を「高効率遠赤外（線）放射材料」という。

また、常温域での放射強度がピークとなる9～10μm帯の放射率が特に高い材料を「常温遠赤外（線）放射材料」ということもある。

㉒ 遠赤外（線）選択放射材料
遠赤外波長領域の中の特定の波長帯を他の波長帯よりも高い放射率で放射する材料を「遠赤外（線）選択放射材料」という。

㉓ 遠赤外（線）吸収材料

遠赤外波長領域の放射を高い吸収率で吸収する材料を「遠赤外（線）吸収材料」という。また、遠赤外領域中の特定の波長帯の放射を他の遠赤外波長域よりも高い吸収率で吸収する材料を「遠赤外（線）選択吸収材料」という。

㉔ 遠赤外（線）透過材料

遠赤外波長領域の放射を高い透過率で透過する材料を「遠赤外（線）透過材料」という。「セラミックス」は基本的には遠赤外放射を透過する材料であるが、分子振動に相当する波長帯では著しい吸収が起こる。この性質は単結晶構造に近いものほど顕著となるが、多結晶体や多孔質体では構造内に不連続な境界面が無数に存在するため、不透明性が増す。

㉕ 遠赤外（線）反射材料

遠赤外波長領域の放射を高い反射率で反射する材料を「遠赤外（線）反射材料」という。

「金属」は可視光の一部と紫外光を吸収して構造内の自由電子が励起されるが、赤外波長以上の低エネルギー領域の放射とは相互作用を行なわず、すべてを反射する。

作用上の効果

㉖（遠赤外線の）加熱効果

遠赤外線を吸収した物体の温度が上昇することによって得られる種々の効果を「遠赤外線の加熱効果（または熱的効果）」という。

高速の熱移動による加熱時間の短縮、選択吸収による省エネルギー、均一でマイルドな加熱による品質向上など、幅広い用途がある。

㉗（遠赤外線の）非加熱効果

遠赤外線を吸収した結果として起こる物体の温度上昇以外の作用に起因する効果を遠赤外線の「非加熱効果（または非熱的効果）」という。

遠赤外線の吸収により温度上昇以外の作用と、それによる効果が存在するか否かについては10年以上も前から議論が続けられているが、理論派と実践派の意見が容易には噛み合わず、説得力のある実証報告は肯定論・否定論のいずれの側からも出されていないのが現状である。遠赤外線の非加熱効果の真否についての究明は今後の課題であるが、公式の場でそれについての議論を続けるためにも「言葉（用語）」としては登録しておくべきものであろう。

㉘（遠赤外線の）常温効果

広義には、常温域における遠赤外放射を吸収した結果、得られる効果を「常温効果」という。

常温域とは、日常の生活環境の中で得られる温度領域で、0℃付近から50℃付近までをいい、加熱源の有無とは関係しない。この温度環境下の物体間における放射エネルギーや吸収エネルギーの差は微小であり、周囲の環境放射から入射するエネルギーとの区別がむずかしいので感応的な評価に頼ることが多い。これを打破して数値による評価を実現するには、微弱な放射エネルギー間の量や質の差の測定や効果の検出には高度で精密な技術を必要とする。

佐々木久夫（ささき　ひさお）

「人間と歴史社」代表。1950年宮城県生まれ。〈遠赤外線〉シリーズをプロデュースし、「ここまできた遠赤外線」で1988年度「日経産業新聞」広告企画賞を受賞。
主な著書:『音楽療法最前線』（共著）、『音楽で脳はここまで再生する』（編）、『実用遠赤外線』（共著）、『空気マイナスイオン応用事典』（共著）、『空気マイナスイオン実用ハンドブック』（共著）、『空気の質と健康－インドア・エア・クオリティの時代』、『遠赤外線暖房の時代』、『ひとはなぜ、人の死を看とるのか』(以上、人間と歴史社）など。遠赤外線に関して「遠赤外線は味工場」（日経産業新聞）、「遠赤外線の現状と未来」（日本工業新聞）、「やわらかい科学の時代－遠赤外線」（第三文明社）、「遠赤外線の科学」（「毎日ライフ」）など。シリーズ連載として「対談＝感動の人間学」、「鼎談＝音楽と健康」、「鼎談＝鍼と脳でやせる」、「鼎談＝男の更年期・女の更年期」（以上「毎日ライフ」、毎日新聞社）などがある。

遠赤外線《えんせきがいせん》　光冷暖革命《ひかりれいだんかくめい》

2012年3月10日　初版第1刷発行

著者　　佐々木久夫

発行人　佐々木久夫
発行所　株式会社 人間と歴史社
東京都千代田区神田駿河台3-7　〒101-0062
電話　03-5282-7181（代）／FAX　03-5282-7180
http://www.ningen-rekishi.co.jp
装丁　人間と歴史社制作室
印刷所　株式会社シナノ

ISBN 978-4-89007-185-2

FAR INFRARED RAY

実用遠赤外線

高田紘一・江川芳信・佐々木久夫 編著

「遠赤外線とは何か」—この主題の行き着く先には「電磁波」と「光」があり、物体との相互作用の結果としての「熱」がある。とりわけ、生体との相互作用については単に「熱」という概念だけでは説明しきれない深奥が垣間みえてくる。「光と熱」—この宇宙創成以来の基幹エネルギーのエントロピーを、生体の生命維持活動のレベルにまで拡大したものが、まさに「遠赤外線」であり、その意味からも生体および地球環境と最も密接な関係をもつエネルギーとして、その存在意義は大きい。「遠赤外線」を科学し、「最適化」し、これを「実用」に供することは、人類生存の新たな地平を拓く「創造的行為」でもある。

本書の特長

◆21世紀における遠赤外線の「適応効果」と「用途開発」を徹底探索!
◆500点余の「図版」および「データ」を駆使しビジュアルに構成!
◆事典的活用ができるよう編集!
◆読みやすいA4判(変型)の大型誌面!
◆必要箇所に補注・解説を挿入!
◆遠赤外線関連主要文献を分類・網羅!
◆充実した巻末索引!

◆無用な開発リスクを冒さないために理解しておくべき「基本事項」を体系的に整理。「遠赤外線で何が起こせるか」を検証し、陥りやすい「誤解と曲解」を糺す! ◆「遠赤外線材料」の本質と開発および「用途別材料選択」のポイントを提示! ◆「測定・評価」の方法とデータの正しい解釈および利用法を整理! ◆遠赤外線の「機能」を分類し、類推される利用の可能性と用途を体系的に提示! ◆「新商品開発」の具体的実践方法と開発成功事例を提示! ◆遠赤外線の「効果別用途分類」と「応用商品開発」のポイントを示す! ◆遠赤外線と「バイオ関連」を分子レベルから論証! ◆52例の「測定分析評価事例」と「実用化ための評価事例(2例)」を提示! ◆遠赤外線および温熱の「生体」における作用機序を生理学的に体系化! ◆「ガン」の遠赤外線温熱療法を細胞レベルから検証! ◆各疾患別遠赤外線療法の「臨床事例(26例)」を紹介! ◆常温遠赤外線と「生体作用効果事例(34例)」を提示! ◆現代科学技術を変えるか「微弱エネルギー」の可能性! ◆その他、エントロピー効果、環境適応効果、非熱作用効果、新商品開発の手順、新商品アイテムの発想、成功の条件、社会的ニーズとのマッチング、問題解決における〈最適解〉の追求等、多岐に亙って論述! ◆別冊として[分野別]遠赤外線関連特許情報(3700項目)を一挙掲載。併せて特許の目的およびコンセプトを併記!

「なぜ、遠赤外線でなければならないのか」
——この問いに科学と実用の両面から
【11章・49節・273項】にわたって詳述!

A4変型判上製函入　960頁(カラー24頁)　**定価78,000円(税込)**